Bernd-Wolfgang Lubbers

Das etwas andere Rhetorik-Training
oder
„Frösche können nicht fliegen"

Bernd-Wolfgang Lubbers

Das etwas andere Rhetorik-Training

oder

„Frösche können nicht fliegen"

GABLER

Die Deutsche Bibliothek – CIP-Einheitsaufnahme
Ein Titeldatensatz für diese Publikation ist bei
Der Deutschen Bibliothek erhältlich

1. Auflage September 2002

Lektorat: Jens Kreibaum

Der Gabler Verlag ist ein Unternehmen der Fachverlagsgruppe BertelsmannSpringer.
www.gabler.de

Umschlaggestaltung: Nina Faber de.sign, Wiesbaden
Druck und buchbinderische Verarbeitung: Wilhelm & Adam, Heusenstamm
Gedruckt auf säurefreiem und chlorfrei gebleichtem Papier
Printed in Germany

ISBN 3-409-11955-8

Inhalt

„Frösche können nicht fliegen“

Eines Tages im Frühling kommt ein kleiner Frosch von einer Wanderung auf die nahe Wiese zurück ins Lager der Frösche. Er ist ganz aufgeregt und erklärt, er habe soeben am Himmel Störche gesehen. „Störche sind unsere Feinde; denn sie fressen Frösche“, sagt der älteste Frosch. „Wir müssen etwas tun, denn sonst werden wir alle verspeist!“

Die Gemeinde der Frösche stimmt zu und so beschließen sie, eine Delegation zur weisen Eule zu schicken, um sich Rat zu holen. So geschieht es. Die Delegation zieht los und schildert der weisen Eule das Problem. Diese nickt verständnisvoll, überlegt einen Augenblick und sagt: „Wenn die Störche euch fressen wollen und wenn ihr dagegen nichts tun könnt, dann müsst ihr dafür sorgen, dass ihr an einem anderen Ort seid als die Störche. Also: Ihr müsst wegfliegen, an einen Ort, wo die Störche euch nicht finden!“

Dankbar und begeistert über den guten Rat zieht sich die Delegation zurück und erklärt den übrigen Fröschen den Plan. „Genial“, rufen die Frösche begeistert, „wegfliegen! – Großartig – und so simpel! – Da hätten wir auch drauf kommen können!“ Die Frösche feiern begeistert ein großes Fest.

Als die Stimmung auf dem Höhepunkt ist, meldet sich auf einmal der kleine Frosch, der die Störche gesehen hatte: „Leute, die Sache hört sich zwar gut an, aber sie hat einen Haken", sagt er ruhig. „Wir Frösche können nicht fliegen!"

„Nestbeschmutzer! – Quertreiber! – Einer angehenden Frosch-Führungskraft unwürdig!", beschimpfen die übrigen Frösche ihn. Aber er bleibt bei seiner Meinung: „Frösche können nicht fliegen, also taugt der Rat der Eule nicht! Und Flugzeuge sind den Menschen vorbehalten!"

Ein greiser Frosch meldet sich schließlich zu Wort: „Er hat recht! Wir können tatsächlich nicht fliegen!" Ein anderer stimmt gedankenschwanger ein: „Es könnte zumindest was dran sein, wir sollten mal drüber nachdenken." Und so kommt es, dass sich der Rat der Frösche noch einmal zusammensetzt und beschließt, eine neue Delegation zur weisen Eule zu schicken, um dem neuen Problem auf den Grund zu gehen.

Die Eule hört sich an, was die Frösche vorbringen, schließt bedächtig die Augen, öffnet nach einiger Zeit erst das linke Auge, dann das rechte und sagt gedankenverloren: „Ich bin nur für die grundsätzlichen Überlegungen zuständig. Um die Details müsst ihr euch schon selbst kümmern!"

Einleitung

Als Klaus H. das Seminarhaus betritt, ist er gut gelaunt und aufgeräumt. Er bedankt sich herzlich, als ihm die Dame am Empfang den Tisch zeigt, an dem schon einige andere Teilnehmer des Trainings „Auftritt“ sitzen. Als ich dazu komme, erzählt Klaus H. gerade voller Begeisterung von einem Fahrtraining, das er vor wenigen Wochen auf dem Nürburgring absolviert hat. Alle lauschen voller Interesse seinen Ausführungen. Erzählstil, Mimik und Gestik machen deutlich: Klaus H. ist vom Fahrtraining noch ganz begeistert und versteht es, diese Begeisterung auf seine Zuhörer zu übertragen.

Eine Stunde später: Nun sitzen wir im Seminarraum, wir, das Trainerteam, elf Teilnehmer und Klaus H. Besser gesagt: Klaus H. steht gerade vorne am Tageslicht-Projektor, einen Zeigestab in der Hand, das verrutschte Bild einer Folie, auf der die Schleifen des Nürburgrings skizziert sind, auf der Leinwand. Verzweifelt und mit hochrotem Kopf versucht er, das Fahrertraining und dessen Vorzüge darzulegen. Im Prinzip erzählt er nichts anderes als das, was er vorhin bei der Begrüßung auch schon gesagt hat. Doch der Unterschied ist verblüffend: War er eben noch locker und amüsant, fehlt ihm jetzt jegliches Feuer. Er wirkt verunsichert, ängstlich gar, seine Worte stocken, ständig spricht er zur Leinwand statt zu den Teilnehmern, als erhoffe er sich von dort irgendeine Hilfe. Als er seinen Vortrag mit den Worten „Vielen Dank für Ihre Aufmerksamkeit“ schließt, klingt dies wie eine Bitte, ihm dafür zu verzeihen, dass er den anderen die Zeit gestohlen hat.

Wer nicht wüsste, dass er vorhin so begeistert gesprochen hat, der müsste nach diesen fünf Minuten Vortrag meinen, Klaus H. habe soeben ein Lügenmärchen erzählt. Wie kommt dieser Wandel zustande? Klaus H. hatte sich doch zu Hause, vor Seminarbeginn, intensiv auf seinen Vortrag vorbereitet. Wie kommt es, dass er, der Motorsportfan, nun vor einer Gruppe stehend, zwölf Augenpaare und drei Kameras auf sich gerichtet – wie gelähmt wirkt? Als ich ihn danach frage, bekomme ich folgende Antwort: „Ich hatte Angst mich zu blamieren, nicht gut genug zu sein. Meine Gedanken kreisten ständig darum, dass mich die Zuhörer doch bitte verstehen mögen, begeistert von mir sind. Mich zu verhaspeln, stecken zu bleiben, wäre das Schlimmste, was mir hätte passieren können – und es ist passiert!“

Klaus H. ist kein Einzelfall. Sehr viele Teilnehmer an meinen Rhetoriktrainings haben anfangs solche oder ähnliche Gedanken. Sie denken an das, was schief gehen könnte, und in ihren Gedanken wird das Publikum zu einem Gegner, den es zu bezwingen gilt. Nun halte ich es zwar für wichtig, sich gut auf das Publikum und die Rede vorzubereiten, und dazu gehört auch, dass ich mir Gedanken über mögliche Schwierigkeiten mache. Problematisch wird es nur, wenn sich die Redner aufgrund dieser eindimensionalen Vorbereitungsstrategien selbst in einen Angst- und Stresszustand versetzen (was alles schief gehen kann) und dadurch ihre rhetorische Ausdrucksfähigkeit lähmen. Die sich selbst erfüllende Prophezeiung wird Realität – es tritt das ein, wovor sie sich fürchten. Eine Kluft zwischen dem Wollen und dem Können tut sich auf, und das, worum es dem Redner wirklich geht, kommt nur teilweise zum Tragen. Die Folge: Der Funke springt nicht auf das Publikum über.

Und das kommt so: Der Gedanke, „gut“, ein „idealer Redner“ sein zu müssen, versetzt uns in einen körperlichen und psychischen Stresszustand. Und genau das führt dazu, dass Menschen in eine Rolle schlüpfen, um sich zu schützen. Wer jedoch die eigene Identität verdeckt, verliert an Glaubwürdigkeit. Und jedes Publikum spürt instinktiv, ob da jemand mehr oder weniger gekonnt schauspielert und manipulative Techniken anwendet, um sein Ziel zu erreichen.

Ein anderes Beispiel: Dr. Ing. Ernst B. versucht verzweifelt, seinem Publikum den Aufbau eines „Cellular Networks“ zu erklären – oder einfacher: Wie funktioniert es, dass Menschen mit einem Handy telefonieren können. Ernst B. ist ein exzellenter Fachmann, voller Fachwissen! Sein Vortrag ist gespickt von Fachbegriffen und Abkürzungen.

Wahrscheinlich stimmt alles, was er sagt. Aber er erntet bei seinem Publikum nur Kopfschütteln und Gähnen. Am Schluss verkündet der kurze und schlappe Applaus, dass es für das Publikum gut ist, nun nicht weiter gelangweilt zu werden. Woran Ernst B. nicht gedacht hat: Das Publikum – alles Ingenieure wie er, aber aus anderen Branchen – ist sehr interessiert an seinem Thema. Alle benutzen ein Handy, aber Fachbegriffe wie Vorgänge sind ihnen unbekannt. In der anschließenden Videoanalyse zeigt sich Ernst B. nur eingeschränkt bereit zu verstehen, was er wohl falsch gemacht haben könnte. Zwar sieht er die Reaktionen des Publikums, aber „warum" es so reagiert, will ihm nicht in den Kopf. „Das Thema ist halt trocken", meint er, „das kann man einem solchen Publikum nicht erklären. Und ein paar Basiskenntnisse muss man ja voraussetzen können!" Ganz ähnlich argumentiert auch Thomas W., ein Physiker, der nach seinem Vortrag über „Adiabatische Hochtemperaturkaloriemetrie" auf mein „Nicht-Verstehen" mit der Bemerkung reagiert: „Das nicht zu wissen ist doch Hilfsschulniveau!"

Ernst B. und Thomas W. sind ganz typische Vertreter der „Fachthemen-Fraktion", die es zwar gut meint, aber leider allzu wenig Rücksicht auf die Bedürfnisse der Zuhörer nimmt. Sie vergessen einen wichtigen Redegrundsatz: „Der Köder muss dem Fisch schmecken, nicht dem Angler." Deshalb scheitern sie immer wieder, wenn es darum geht, einen Vortrag, eine Präsentation oder eine Rede zu halten.

Worin nun besteht die Parallele zwischen den Fröschen, die nicht fliegen können, und meinen Seminarteilnehmern? Darin, dass meine Teilnehmer zu mir kommen und von mir die Ratschläge erhoffen, die sie sofort zu perfekten Rednern machen. Vielleicht erwarten Sie das ja auch als Leser oder Leserin dieses Buches: Buch gelesen, Rede halten können! Die grobe Richtung kann ich Ihnen schon vermitteln, und das will ich auch gerne tun. Im ersten Kapitel, gleich nach dieser Einleitung, geht es damit los. Aber ich hoffe, Sie lesen dieses Buch kritisch genug, um herauszufinden, ob das, was ich schreibe, tatsächlich für Sie passt. Denn das ist das Credo dieses Buches: Es gibt nur Redner, nicht aber Regeln, die für alle gelten und die man nur auswendig lernen muss – und fertig ist der perfekte Vortrag.

Ich bin nun in meiner Einleitung an einer Stelle angelangt, an der Autoren von Büchern immer gerne zwei Dinge erklären. Und obgleich ich in diesem Buch „Rhetorik“ aus einem anderen als dem üblichen Blickwinkel betrachten will, möchte ich den Traditionen verpflichtet bleiben und Ihnen erstens erklären, weshalb ich dieses Buch schreibe – wem ich dabei zweitens alles zu Dank verpflichtet bin, schreibe ich dann weiter unten.

Weshalb mache ich mir die Mühe, dieses Buch zu schreiben? Gewiss nicht aus finanziellen Erwägungen heraus, denn von dem, was für den Autor übrig bleibt, könnte ich meine Familie nicht ernähren. Vielleicht könnte unser Kater davon sein täglich Sheba bekommen. Wenn es also nicht das Geld ist, was ist es dann? Faulheit! Ja, ich schreibe dieses Buch aus Faulheit. Ich halte im Jahr so an die 20 Rhetoriktrainings. Meine Mitarbeiter noch einmal so viel. Pro Training haben wir zwischen sechs und zwölf Teilnehmer. Für alle müssen wir Seminarunterlagen bereitstellen. Seminarunterlagen müssen gedruckt, zusammengelegt, in Ordner verpackt werden. Können Sie sich vorstellen, wie viel Arbeit und Zeit das in Anspruch nimmt? Ich bin faul, die Unterlagen habe ich seit vielen Jahren gesammelt. Was liegt näher, als in einer Zeit der Muße (übrigens, ich schreibe dieses Kapitel einen Tag vor Weihnachten 2001) alles zusammenzufassen und ein Buch daraus zu machen? Das erspart mir in der Zukunft eine Menge Arbeit (oder denen, die sich in meinem Büro um die perfekte Ordnung bemühen).

Ein zweiter Grund, weshalb ich das Buch schreibe, ist das „Image“. Nach einem Rhetoriktraining werde ich immer wieder gefragt, ob ich ein gutes Rhetorikbuch empfehlen könnte. Kann ich (siehe Anhang), „aber“, so fragen mich dann meine Teilnehmer, „weshalb haben Sie Ihre Erfahrungen nicht einmal selbst in einem Buch zusammengefasst?“ Diese Frage habe ich bislang immer mit den bereits genannten Argumenten: „Bringt nichts“ und „Zu faul gewesen“ abgeschmettert! Plötzlich jedoch – liegt das an meinem zunehmenden Alter? – scheint es mir eine gute Idee zu sein, meine Erfahrungen aus zwölf Jahren

Rhetoriktraining „zu Buche“ zu bringen. So kann ich nun auf ein eigenes Werk verweisen – was das Image vermutlich erheblich aufpoliert. Meine Teilnehmer haben etwas von mir zum Nachlesen, Studieren oder zum Lernen. Wer noch nicht bei mir war, der hat etwas zum Nachdenken und Ausprobieren. Nun bin ich mir bewusst, dass Rhetorik nur durch das Tun und keineswegs durch das Lesen wirklich gelernt werden kann. Und da schließt sich der Kreis der Argumentation: Denn es könnte ja sein, dass Sie neugierig geworden sind und bald im Kreis der Teilnehmer sitzen.

Bleibt ein letzter Grund, weshalb ich mich nun hingesetzt und die Mühsal und Freude des Schreibens auf mich genommen habe: nämlich meine Seminarteilnehmer. Zugegeben: weniger die vergangenen, denn die haben ja alle schon profitiert (bis auf die wenigen, die ich leider nicht zufrieden stellen konnte). Vielmehr schreibe ich das Buch für die zukünftigen! Der Kunsthistoriker Sir Ernst Gombrich, der im November 2001 gestorben ist, schrieb einmal: „Es gibt keine Kunst, es gibt nur Künstler“. Ähnlich sehe ich es mit der Rhetorik; ich meine, es gibt „die Rhetorikkunst“ nicht, sondern nur Redner. Für Sie heißt das: Auch Sie können reden, auch Sie können Ihr Publikum begeistern, fesseln und überzeugen. Sie müssen „nur“ authentisch bleiben, in der Rede Sie selbst sein und bleiben. Sie wirken dann glaubwürdig und „kommen überzeugend rüber“. Dabei möchte ich Sie unterstützen. Doch dieses „nur“ ist leichter dahin geschrieben als getan. In meinen Seminaren mache ich immer wieder die Erfahrung, dass die Menschen glauben, Sie müssten bestimmte rhetorische Gesetzmäßigkeiten beachten und vor allem die – irgendwo angelesenen – „Zehn goldenen Regeln der Rhetorikkunst“ befolgen. Was dabei oft genug auf der Strecke bleibt, ist der Redner selbst, der sich verbiegt, seine Persönlichkeit, seinen Charakter geradezu verleugnet – und dadurch unglaubwürdig wird. Vielleicht kennen Sie auch den hemdsärmeligen Handwerksmeister, der auf der Betriebsversammlung mit verschachtelten Endlos-Sätzen glänzen will – wohingegen er im Tagesgeschäft seine Mitarbeiter durch eine klare schnörkellose Sprache zu überzeugen weiß.

Mit diesem Buch möchte ich zweierlei vermitteln. Erstens: Reden vor Publikum kann großen Spaß machen! Ich muss lediglich meine alten Ängste ablegen, meine Vorstellung, dass im Publikum Hyänen sitzen, die nur darauf warten, mich zu zerfleischen. Und das ist zuallererst eine Frage der Einstellung. Theoretisch kann ich aus dem „Feindbild Publikum" ja auch ein „Freundbild Zuhörer" machen. Wer überlegt sich schon, wenn er sich mit Freunden unterhält, ob er sich blamiert. Und zweitens: Es gibt leider nicht die Redemaschine, die sich viele Menschen vielleicht wünschen. Es gibt nicht das Redeprogramm, das ich nur laden muss, und schon bin ich ein perfekter Redner. Reden ist eine Sache der Individualität. Jeder Mensch hat seinen eigenen Redestil, der auf ihn passt und mit dem er mehr oder weniger gut durch die Welt kommt. Was bei dem einen klappt, kommt nicht an, wenn es ein anderer versucht. Also ist erfolgreiches Reden in aller erster Linie eine Sache der Persönlichkeit und der Authentizität, mit der ich vor einem Publikum stehe.

Ich selbst mache wahrscheinlich viele „rhetorische Fehler", aber ich bin immer, wenn ich rede, ich selbst. Vielleicht ist meine Wortwahl manchmal etwas „gewöhnlich" und weniger distinguiert als es im Duden stehen mag. Mit der Kritik kann ich leben, denn mir ist es viel lieber, meine Zuhörer hören mir wirklich zu, als dass sie verzweifelt versuchen, gegen das Einschlafen zu kämpfen, weil ich versuche, mich als jemand anderer darzustellen als ich bin. Wenn ein Mensch das „drauf" hat, er oder sie selbst zu sein, wenn ein Mensch Freude daran entwickeln kann, anderen Menschen durch einen Vortrag oder eine Präsentation etwas Wertvolles zu vermitteln, dann reichen ein paar grundlegende Techniken, um sich vom Einerlei der vielen Vorträge, Reden und Präsentationen abzuheben. Ich möchte Ihnen, meinen Leserinnen und Lesern, also Mut machen, auch beim Reden vor Publikum sie selbst zu sein. „Frösche können nicht fliegen" lautet der Titel dieses Buches, ich könnte auch sagen: „Schuster, bleib' bei deinen Leisten" oder: „Redner, sei du selbst"! Vielleicht animiert dieses Buch ja den einen oder anderen, auf dem Weg zur „freudigen Rede" weiterzuarbeiten. Denn: Reden lernen kann man nur, indem man redet!

Bevor es losgeht, noch ein paar praktische Hinweise

Der Aufbau von „Frösche können nicht fliegen“ orientiert sich an dem Entstehungsprozess „Ihrer“ Rede. In den ersten beiden Kapiteln stelle ich Ihnen meinen Ansatz für authentisches Reden näher vor und zeige Ihnen, wie Sie den Leitsatz: „Sie müssen nur authentisch bleiben“ verwirklichen können. Dazu gehört auch, den Hauptgegner des authentischen Redens zu besiegen, nämlich die Angst vor der Blamage. In den Kapiteln 3 bis 7 geht es praxisorientiert zu. Sie erfahren, wie Sie verständlich reden, eine Rede spannend gestalten und einen Vortrag Schritt für Schritt so entwickeln, dass die Zuhörer „bei der Stange bleiben“. In Kapitel 8 finden Sie drei Reden, die Ihnen als „Muster“ dienen sollen, selbst eine Rede zu schreiben – eine Rede, in der Sie authentisch reden und nicht zum „fliegenden Frosch“ mutieren.

Auch wenn Sie Ihr Publikum als Freund betrachten – es wird nicht ausbleiben, dass Sie manchmal mit Nörglern, Meckerern und Stichlern zu tun haben, mit Zwischenrufen und Killerphrasen oder Killerargumenten, deren „Absender“ das Ziel verfolgen, Sie aus dem Konzept zu bringen. Hier hilft Kapitel 9 weiter. In Kapitel 10 schließlich möchte ich Ihnen einige Parabeln erzählen, die veranschaulichen, dass wir alle nicht „aus unserer Haut heraus können“ – „Frösche können eben nicht fliegen“. Warum fällt es uns eigentlich so schwer, das auch in Bezug auf eine Fähigkeit einzusehen, die wir stündlich einsetzen, nämlich beim Reden? Und noch ein Wort zum Stichwortverzeichnis: Dieses ist so aufgebaut, dass Sie sich über die Stichwörter Inhalte, die Sie ganz besonders interessieren, erschließen können.

„Ohne Fleiß kein Preis“ – am Ende eines jeden Kapitels bitte ich Sie, auf Ihrem Weg zum authentischen Reden einen Schritt weiter zu gehen. Wenn Sie sich auf Ihren „individuellen Lernweg“ einlassen, liegt nach der Buchlektüre eine Rede vor Ihnen, in der Sie meine Ratschläge gleich in der Praxis angewendet haben. Die Rede sollte nicht länger als zwei DIN-A4-Seiten sein. Bitte schicken Sie mir diese Rede zu; ich werde dann mit einer Kurzbeurteilung antworten. Am besten, Sie nutzen dabei meine Mail-Adresse: *bwl@lubbers.de*.

Oben habe ich gesagt, dass es immer zwei Sachen gibt, die Autoren in der Einleitung besonders hervorheben: die Gründe, weshalb sie das Buch schreiben – und die Danksagungen. Ich habe allen, die mitgewirkt haben, schon ein Exemplar des Buches versprochen, oder auch eine Flasche Wein. Ihnen, der Leserin oder dem Leser dieses Buches, möchte ich dafür danken, dass Sie es erworben haben. Ohne Ihr und das Interesse anderer Leser wäre das Buch nicht geschrieben worden. Wenn Sie es also gelungen finden, dann schlage ich vor, Sie bedanken sich auch, vielleicht mit einer E-Mail (die Adressen finden Sie unter „Der Autor") bei:

- meiner Lebensgefährtin Angelika, die mir die Zeit ermöglicht hat, dieses Buch für Sie zu schreiben. Zeit, die sie gewiss manchmal auch gerne von mir gehabt hätte;
- meiner Tochter Catherine, die trotz Schwangerschaft und Kunststudium die Zeit gefunden hat, die Illustrationen zu erstellen;
- Herrn Dr. Michael Madel, der es geschafft hat, meinen Ideen und Gedanken ein Gerüst zu verleihen, das den Umfang dieses Buches auf ein angemessenes Maß begrenzt hat;
- meinen Freunden, die mich ermutigt haben, dieses Buch dann doch zu schreiben, obgleich dafür die Runde „Boule" ausgefallen ist;
- meinen hartnäckigsten Kritikern, die mich zum Nachdenken und Überdenken meiner Standpunkte gebracht haben;
- Gesina Bergmann, deren peniblem Korrekturlesen es zu verdanken ist, dass sich die Zahl der Tippfehler in Grenzen hält.

Bevor ich Ihnen jetzt viel Spaß beim Lesen und Durcharbeiten des Buches wünsche, ein Letztes: Mein Verlag hat eine ganz bestimmte Anzahl von Seiten für dieses Buch verlangt. Als das Manuskript dann fertig war, waren es ein paar Seiten zu viel. Ich habe also abgewogen: Text streichen oder auf die doppelgeschlechtliche Anrede verzichten. Selbst wenn ich mir das Prädikat des Machos einhandle, ich habe mich genau dafür entschieden – und hoffe, dass mir die Damen verzeihen mögen. Nun aber los!

1. Reden muss Spaß machen – die authentische Rede

Was Sie in diesem Kapitel erwartet

„Rhetorik ist die Kunst, Menschen zum Zuhören zu bewegen!“ Alles, was Sie in diesem Buch lesen und erfahren, beruht auf diesem Grundsatz. Wenn es mir als Redner gelingt, Menschen zum Zuhören zu bewegen, dann habe ich die Chance, dass meine Gedanken ankommen. Wenn meine Gedanken ankommen, dann können sie etwas in die von mir angestrebte Richtung bewirken. Wenn es mir also gelingt, Menschen zum Zuhören zu bewegen, dann kann ich beeinflussen und verändern.

Viele Wege führen nach Rom, ebenso viele Ansätze gibt es, Menschen zum Zuhören zu bewegen. Die einen versuchen es mit begeisternder Präsentationstechnik, andere mit Körpersprache, dritte mit geschliffenen Worten. Ich höre am liebsten jenen Menschen zu, die authentisch sind. Was genau ich unter „Authentizität eines Redners“ verstehe und wie Sie zu einem authentischen Redner werden können, möchte ich Ihnen nun darstellen. Ich bin der Überzeugung: Um eine überzeugende Rede zu halten, kommt es weniger darauf an, Worte gekonnt zu formulieren – auch dies ist natürlich wichtig, aber erst in zweiter Linie. Vielmehr kommt es auf die Einstellung des Redners an, zu seiner Aufgabe, zu seinem Thema, zu seinem Publikum und zu sich selbst. Wer die richtige Einstellung und die Begeisterung hat, kann sich darauf verlassen, dass sich seine Wörter, seine Stimme und seine Körpersprache in Balance befinden, miteinander harmonieren und eine Einheit bilden. Wer die richtige Einstellung gewonnen hat, dem wird die Rede Spaß machen und Freude bereiten – und auch seinem Publikum wird es Freude und Spaß machen, ihm zuzuhören.

1.1 Authentizität – eine Frage der Einstellung

Was eigentlich muss ein Redner tun, damit er als „authentisch" bezeichnet wird? Anscheinend ist es nicht die perfekte, die bis ins letzte Detail „gestylte", geplante und organisierte Rede, die Zuhörer dazu veranlasst, dieses Lob auszusprechen. Schaut man in die Politik, sind es gerade diejenigen Politiker, die sich auch einmal einen Versprecher erlauben und nicht ganz so perfekt daherkommen, die sich die Herzen der Menschen erobern. Ein Beispiel ist die im Jahre 2001 verstorbene „Mutter Courage des Ostens", die Politikerin Regine Hildebrandt. Wenn ich sie reden hörte, spürte wahrscheinlich nicht nur ich: „Hier steht ein Mensch voll und ganz hinter dem, was er sagt. Regine Hildebrandt trägt ihr Herz auf dem rechten Fleck, und daher glaube ich ihr, was sie sagt!" Das muss nicht unbedingt bedeuten, dass ich mit ihr einer Meinung war. Aber das, was sie in ihrer temperamentvollen und überschäumenden Art äußerte, wirkte auf mich glaubwürdig, war authentisch. Auch ihre politischen Gegner spürten: Hier befand sich eine Frau mit dem, was sie sagte, in Übereinstimmung; die Art und Weise, wie sie es sagte, passte zu dem, was sie sagte; sie nahm ihre Zuhörer ernst, hier wirkte nichts aufgesetzt, gekünstelt oder gestelzt. Es hat ihr Freude gemacht, zu den Menschen zu reden, und deshalb hat sie die Menschen zum Zuhören bewegt. Die Einstellung Regine Hildebrandts zu ihrer Aufgabe, zu ihrem Thema, zum Publikum und zu sich selbst stimmte – und deshalb war das, was sie sagte, glaubwürdig. Und deshalb haben die Menschen ihr zugehört, sie trotz aller Gegensätze nicht nur geachtet und respektiert, sondern geliebt. Ich möchte es so ausdrücken: Bei Rednern wie Regine Hildebrandt gibt es eine Übereinstimmung oder Kongruenz zwischen

- der Sprache der Wörter,
- der Sprache der Stimme und
- der Sprache des Körpers.

Und weil das so ist, war Regine Hildebrandt – als Person und als Rednerin – authentisch, und die Menschen sagten über Regine Hildebrandt: „Sie war ein herzensguter und ehrlicher Mensch und deshalb habe ich ihr vertraut.“ In ihr Kondolenzbuch hat jemand geschrieben: „Politik habe ich nicht verstanden, aber Sie habe ich verstanden.“ Es gibt zwar Regeln für die gute Rhetorik, was daraus wird, entscheidet jedoch nur der Redner.

Und dann gibt es noch die anderen Redner, bei denen jeder Satz durchformuliert ist, denen kein Versprecher oder Verhaspler unterläuft, bei denen jede Geste, jede Gebärde, jedes Mienenspiel zum Text passt, kurz: es gibt das, was man „die perfekte Rede“ zu nennen versucht ist. Trotzdem: Allzu oft klingen die Reden solcher Redner seltsam emotionslos; es bleibt das unbehagliche Gefühl, dass uns da jemand nicht „überzeugt“, sondern „überredet“ hat. Von Authentizität jedenfalls kann keine Rede sein. Bestimmt kennen Sie mindestens einen Redner aus der Politik, aus dem öffentlichen Leben, aus Ihrer Firma, dessen Namen Ihnen hier einfällt. Und wenn nicht, dann schauen Sie sich einmal die Abendnachrichten an.

Nicht umsonst verfügen die politischen Parteien in Wahlkampfzeiten über eine „Wahlkampfzentrale“, deren Aufgabe es ist, Wahlkampfauftritte in Szene zu setzen. Vielleicht erinnern Sie sich an den Wahlkampf in den Vereinigten Staaten von Amerika im Jahr 1992. Damals bewarben sich drei Politiker um das Amt des Präsidenten: Bill Clinton, George Bush sen. und Ross Perot. Als entscheidend für den Ausgang der Wahl sah jedermann die Fernsehduelle der drei Kandidaten an. Allesamt wurden sie von ihren Beratern auf bestimmte körpersprachliche Signale gedrillt, an bestimmten Stellen ihrer Redebeiträge sollten sie lächeln, an anderen grimmig schauen; sogar die Kleidung war auf den Charakter der Politiker und ihre Redebeiträge abgestimmt. Wahrscheinlich ist in der Vorbereitungsphase mehr über die Farbe der Krawatte diskutiert worden als über die Redeinhalte. Ergebnis der Farce: Die drei Bewerber gerieten in den Fernsehduellen zu leblosen Puppen, die mit lebendigen Menschen keine allzu große Ähnlichkeit mehr hatten.

Können Sie sich vorstellen, dass Regine Hildebrandt so etwas mit sich hätte machen lassen? Und wenn sie es getan hätte, wäre sie unglaubwürdig geworden, sie wäre nicht mehr authentisch und glaubwürdig „rübergekommen", sie hätte nicht die Wirkung bei den Menschen erzielt, die bei ihren Redeauftritten immer wieder zu beobachten war.

Lassen Sie mich noch ein Beispiel aus der Werbung anführen. Bei vielen Prominenten stellen die Einnahmen aus Werbespots mittlerweile die Hauptverdienstquelle dar. Und wer ist ganz vorne mit dabei? Es sind Leute wie Boris Becker und Verona Feldbusch, Leute, die von den Marketingabteilungen der großen Firmen besonders gerne engagiert werden, wenn es darum geht, ihre Produkte zu vermarkten. Beide sind nun wirklich keine Promis, die durch eine perfekte Ausdrucksweise oder gar besonderes rhetorisches Geschick auffallen. Was viel wichtiger ist: Die Menschen glauben Boris Becker und Verona Feldbusch das, was sie sagen, sie wirken authentisch, die Menschen spüren: Boris und Verona lassen sich nicht verbiegen, sie stehen zu ihren scheinbaren Unzulänglichkeiten. Man muss diese Entwicklung der Mediengesellschaft nicht gutheißen; fest aber steht: „Frösche können nicht fliegen". Stellen Sie sich vor, Boris Becker würde in der Art eines dozierenden Professors die Vorzüge eines Internetdienstleisters preisen oder Verona Feldbusch die Qualitäten eines grünen Nahrungsmittels in eloquenten Satzkaskaden. Sicher spielen gerade in der Werbung noch viele andere Aspekte eine Rolle. Fraglich ist etwa, ob die Ausnutzung menschlicher Schwächen zur Vermarktung von Produkten und Dienstleistungen positiv zu bewerten ist. Sicher aber ist: Der ehemalige Tennisstar und die schöne Blubberin geben sich in ihren Werbespots so, wie sie nun einmal sind, und deswegen glaubt man ihnen.

Was heißt das für unser Thema? Nun, ganz einfach: Die Einstellung muss stimmen, die Einstellung des Redners zu seiner Aufgabe, zu seinem Thema, zum Publikum, zu sich selbst. Kongruenz zwischen der Sprache der Wörter, der Sprache der Stimme und der Sprache des Körpers – darauf kommt es an! Nicht aber darauf, die „perfekte Rede" zu halten. Letzteres würde doch nur dazu führen, dass der Redner sich unter einen unheimlichen Erwartungsdruck setzt und während der

Rede mit nichts anderem beschäftigt ist, doch ja an der richtigen Stelle die richtige Handbewegung zu vollführen, im richtigen Moment einen Satz mit der richtigen Gestik zu „unterstreichen". Um Missverständnissen vorzubeugen: Alle diese kleinen und großen Tipps und Tricks haben ihre Bedeutung. Einzusetzen, was der rhetorische Handwerkskasten bereithält, ist legitim (ich mache es natürlich auch). Deshalb stelle ich Ihnen in diesem Buch auch eine gewisse Anzahl solcher Kniffe vor. Aber mir ist eines wichtig: Die Tipps und Tricks dürfen nicht zum Selbstzweck verkommen. Sie dürfen in Ihren Überlegungen immer erst an zweiter Stelle stehen.

In einem Aufsatz zum Thema „Körpersprache und Rhetorik" las ich: „Nehmen Sie immer eine gerade, sprich selbstbewusste Haltung ein!". Gut, aber bitte nur dann, wenn der „Überbau" stimmt, wenn dies Ihrer Einstellung entspricht. Die gerade und selbstbewusste Haltung sollte **das Ergebnis** Ihrer Einstellung zur Rede, zum Publikum, zu sich selbst sein, **das Ergebnis** der Kongruenz zwischen der Sprache der Wörter, der Stimme und des Körpers. Umgekehrt bedeutet dies: Wenn Sie eher unsicher sind, darf sich das auch ruhig in Ihrer Körperhaltung ausdrücken. Und wenn Sie etwas gegen Ihre Unsicherheit tun wollen, sollten Sie nicht daran gehen, vor dem Spiegel eine Körperhaltung einzuüben, die Selbstbewusstsein signalisiert. Vielmehr rate ich Ihnen, Ihre Einstellung zu sich selbst und zu dem, was Sie sagen wollen, zu überprüfen und sich zu fragen, warum Sie unsicher sind. Es gibt genügend Methoden des Selbstmanagements, die Ihnen an dieser Stelle weiterhelfen können. Wie Sie zu einer stimmigen Einstellung und der angesprochenen Kongruenz gelangen, möchte ich nun näher darstellen.

1.2 Die Einstellung des Redners

Rhetorik ist die Kunst, Menschen zum Zuhören zu bewegen! Dem französischen Bischof und Politiker Charles Maurice de Talleyrand wird die etwas zynische Aussage zugeschrieben: „Die Sprache ist dem Menschen gegeben, um seine Gedanken zu verheimlichen." Ist da etwas Wahres dran? Immerhin lassen sich ähnliche Äußerungen auch bei Molière, Voltaire, Dante und Plutarch nachlesen. Der dänische Philosoph Sören Kierkegaard formulierte, vermutlich ohne von Talleyrand zu wissen: „Dem Menschen ist die Sprache gegeben, um zu verheimlichen, dass er keine Gedanken hat.“ Von Heinz Nixdorf – für dessen Unternehmen ich lange arbeitete – habe ich selbst gehört, wie er zu einem Kollegen sagte: „Woher wollen Sie auch wissen, was Sie denken, bevor Sie gehört haben, was Sie sagen!“ Friedrich Nietzsche schließlich formulierte einmal so: „Man lügt mit der Zunge, aber mit dem Munde und Maule sagt man trotzdem die Wahrheit.“ Und von Virginia Satir, der amerikanischen Kommunikationswissenschaftlerin, soll die Aussage stammen: „Das Wort ist der Schlüssel zum Missverständnis.“ Ich meine: Eine Rede soll für Klarheit sorgen und nicht dazu missbraucht werden, Dinge und Absichten zu verheimlichen.

Im Mittelpunkt einer Rede stehen immer Redner, Thema und Zuhörer. Zuhörer wollen etwas mitnehmen, der Redner will überzeugen. Was überzeugt mehr als Persönlichkeit? Was mehr als Ehrlichkeit? Und was mehr als die eigene innere Überzeugung? „Es muss in dir selber brennen, wenn du in anderen etwas entzünden willst“, sagt Lao Tse. Deshalb: Zuhörer wollen Redner sehen, die eine konstruktive Einstellung haben – zur Aufgabe, zum Thema, zum Publikum und zu sich selbst.

Die Einstellung des Redners zu seiner Aufgabe

„Ich soll Ihnen heute eine Präsentation halten zum Thema Mobiltelefone. Zwar weiß ich auch nicht genau, was Ihnen als Controller das nutzen soll, aber ich leg jetzt mal einfach los ..." So begann ein Systementwickler einer Firma, die Mobiltelefone baut, seinen Vortrag. Der war dann auch so gespickt mit Fremdwörtern, Fachbegriffen und branchenspezifischen Abkürzungen, dass keiner der anwesenden Controller auch nur die geringste Chance hatte, etwas zu verstehen.

Das Peinliche an der Situation aber war: Das Management der Firma wollte gerne, dass sich die Bereiche untereinander austauschen, um jedem die Möglichkeit zu geben, den anderen Abteilungen etwas von seiner Arbeit für das Unternehmen zu vermitteln. Der Vortrag des Entwicklers für die Controller sollte also dem Verständnis der Abteilungen und der Menschen untereinander dienen. Der gute Entwickler, einer der besten seiner Zunft, hatte aber die Aufgabe nicht nur unvollständig, sondern auch noch falsch verstanden. Er sah nicht ein, weshalb ausgerechnet ein Controller etwas darüber wissen sollte, wie ein Anruf von einem Mobiltelefon zu einem anderen gelangt. So hatte er sich einfach einen Ordner gegriffen, der Folien für einen Vortrag enthielt, den er einige Tage vorher auf einem Fachkongress vor Spezialisten gehalten hatte, und darauf seinen Vortrag aufgebaut. Was bei den Spezialisten gut ankam, ging bei den Controllern natürlich „in die Hose". Die fehlende Einstellung zur Aufgabe führte dazu, dass sich der Redner nicht auf das Publikum vorbereitet hatte und sich deshalb auch keine großartigen Gedanken darüber gemacht hatte, was er in seiner Rede denn nun eigentlich rüberbringen wollte.

Darum ist eine Frage, die ich für mich immer kläre, bevor ich eine Rede konzipiere: „Zu welchem Zweck halte ich die Rede, welchen Nutzen soll meine Rede haben, welches Ziel verfolge ich?" Nur wenn ich diese Frage beantworten kann, bin ich in der Lage, mich auf meine Aufgabe einzustellen und sie dann auch zu bewältigen.

Die Einstellung des Redners zum Thema

Immer wieder erlebe ich folgende Situation: Ein Redner erscheint auf der Bildfläche, ordnet seine Folien in einem überdicken Folienordner, packt Zeigestab oder Laserpointer aus, schaltet den Tageslichtprojektor ein und beginnt seine Präsentation etwa so: „Guten Tag, meine Damen und Herren. Jetzt kommt mal wieder der Zahlenknecht, der Sie mit den Daten des vergangenen Monats langweilen soll ..." Oder: „Mein Chef hat mir gestern Abend gesagt, ich soll Ihnen heute eine Präsentation zum Thema Bremssysteme halten ..." Oder – und dies ist leider der Originaltext einer „Rede", die anlässlich eines gelungenen Jahresabschlusses von einem Geschäftsführer gehalten worden ist, der gerade sein erstes Jahr in dieser Firma hinter sich hatte: „Man hat mir gesagt, dass es hier üblich ist, auf der Weihnachtsfeier eine Rede zu schwingen. Ich halte das zwar für Blödsinn, ganz besonders, wenn ich mich als Geschäftsführer bei meinen Mitarbeitern dafür bedanken soll, dass sie das getan haben, wofür sie bezahlt werden. Außerdem halte ich es für überflüssig, Selbstverständlichkeiten zu erwähnen. Also: Keine große Rede, das muss jetzt reichen. Guten Appetit und machen Sie weiter so! Danke für Ihre Aufmerksamkeit". Was alle diese Redeanfänge und die kurze „Rede" des Geschäftsführers gemeinsam haben, ist die Qual, über etwas sprechen zu müssen, was den Rednern nicht liegt.

Zugegeben: Reden an sich ist für manche Menschen schwieriger als für andere. Aber wenn ich schon einmal eine Rede, einen Vortrag halte, dann bitte mit Einstellung. Für das Publikum kann ein Thema nicht interessant werden, wenn ich als Redner es selbst nicht interessant finde. Also ist es meine Aufgabe, mein Thema für mich selbst so interessant zu machen, dass der Funke auf die Zuhörer überspringen kann. Ebenfalls zugegeben: Es gab auch (in meinem Rednerleben) Situationen, in denen ich meine liebe Müh und Not hatte (und auch immer noch habe), mich auf „mein" Thema einzustellen. Insbesondere erinnere ich mich an die Situation, als mich die Ehefrau eines lieben – bei einem Unfall ums Leben gekommenen – Freundes darum bat, auf dem Begräbnis die Trauerrede zu halten. Wahrscheinlich war dies die für mich schwierigste Redeaufgabe meines Lebens – und ich weiß bis heute, wie schwer es mir gefallen ist, mich auf das Thema „Trauerrede“ einzustellen. Nun werden Sie möglicherweise fragen, wie man denn zu der „richtigen Einstellung“ zu seinem Thema gelangen kann, insbesondere dann, wenn der Anlass eher ein trauriger oder unangenehmer ist. Ich halte in diesem Zusammenhang den Begriff der „Notwendigkeit“ für wichtig. Manche Dinge müssen einfach getan werden, manche Dinge müssen einfach gesagt werden. Auch wenn es unangenehm war: Die Verbundenheit zu meinem verstorbenen Freund und die Bitte seiner Ehefrau ließen es mir als unumgänglich erscheinen, machten es notwendig, dass ich die Begräbnisrede hielt.

Ein anderes Beispiel aus meiner Redepraxis: Ich musste einmal, als ich noch in meinem Managerberuf war, meinen Mitarbeitern begründen, weshalb das nächste Geschäftsjahr hart werden und heftige Umstrukturierungen und vermutlich auch Entlassungen mit sich bringen wird. Auch diese Rede habe ich nicht gerne gehalten, aber es war aufgrund meiner Verantwortung meinen Mitarbeitern gegenüber notwendig, *dass* ich sie hielt.

Ich kann Ihnen kein Patentrezept nennen, wie Sie die richtige Einstellung zu jeder Redesituation finden. Jede Rede steht in einem Bezug zu einer bestimmten Situation, steht in einem bestimmten Kontext. Ich bin der Überzeugung: Eine Rede muss nicht immer nur Freude machen. Wenn es die Notwendigkeit erfordert, dass auch schmerzliche Dinge gesagt werden müssen, habe ich die Verpflichtung dazu, sie zu sagen. Wenn ich das nicht kann, wenn ich nicht die Einstellung finden kann, dass diese Sache gesagt werden muss, gebieten es Fairness und Ehrlichkeit, die Rede gar nicht erst zu halten. Jedoch: Wir selbst sind es, die Einfluss darauf nehmen können, eine andere Einstellung zu gewinnen oder eine vorhandene zu ändern.

Die Einstellung des Redners zum Publikum

Das Publikum hat ein feines Gespür, ob ein Redner ihm etwas vormachen will oder es ehrlich meint. Das Publikum hat ein ebenso feines Gespür dafür, ob ein Redner ihm freundlich gesinnt ist oder feindlich – oder ihm gleichgültig gegenübersteht. Für einen Redner ist es wichtig zu wissen, dass seine Einstellung zum Publikum sich nicht nur verbal, sondern vor allem auch nonverbal, also über die Körpersprache und über die „Stimmsprache" (das ist der Ausdruck der Stimme) mitteilt. Stellen Sie sich einmal einen Redner vor, der mit seinen Fingern immer wieder lautstark auf das Rednerpult trommelt. Für die Zuhörer entsteht der Eindruck: „Der ist nervös!" Er selbst aber verkündet, er sei die Ruhe in Person. Stellen Sie sich einen zweiten Redner vor, der während seines gesamten Vortrages kein einziges Mal lächelt und dabei mit dünner und eintöniger Stimme, die schon in der ersten Reihe nur schwer zu verstehen ist, verkündet, er freue sich, jetzt hier zu sein und seinen Vortrag zu halten! In beiden Fällen kann ich mir gut vorstellen, dass das Publikum zu dem Eindruck kommt, der Redner versuche, seine Unsicherheit zu überspielen. Aus meinen Trainings kenne ich genügend solcher Situationen, in denen die Redner inkongruent wirken! Was sie sagen, stimmt nicht mit dem überein, wie sie es sagen oder was sie tun. Ein Sprichwort sagt: „Wer einmal lügt, dem glaubt man nicht und wenn er auch die Wahrheit spricht."

Zwischen „tun" und „sagen" besteht ein deutlicher Unterschied. Ich weiß nicht, wie es Ihnen geht, aber es könnte sein, dass Sie als Zuhörer erstens solche Redesituationen schon einmal erlebt haben und zweitens sich bei Ihnen dann ein gewisses Unwohlsein festgesetzt hat. Vielleicht haben Sie insgeheim auch gedacht: „Ein falscher Fuffziger". Zugegeben, kurzfristige Täuschungen sind möglich. Beliebte Tricks sind Effekthaschereien, raffinierte Visualisierungseffekte oder – auch das funktioniert, wenn auch nur für kurze Zeit – Gewalt, Zuckerbrot und Peitsche!

Je wichtiger eine Rede ist, desto bedeutsamer wird Kongruenz. Je länger man mit den gleichen Menschen zusammen leben und arbeiten will und muss, desto wichtiger ist es, aufrichtig zu sein. Ich glaube, kaum jemand folgt einem Redner dauerhaft, von dessen Wahrhaftigkeit er nicht überzeugt ist. Glaubwürdigkeit und Vertrauen zu erlangen und zu bewahren, ist insbesondere dann schwierig, wenn Sie von Ihren Zuhörern Taten verlangen und sie dazu motivieren müssen. Durch keine noch so aufrichtige Rede kann ein Redner Vertrauen erringen, aber durch Unaufrichtigkeit kann er alles Vertrauen verspielen.

Zum Thema „Kongruenz" erfahren Sie übrigens weiter unten mehr. Um mich auf mein Publikum einzustimmen, habe ich mir angewöhnt, es von vornherein als „mir freundlich gesinnt" einzustufen. Das macht es mir leicht, mich mit ihm auf eine gemeinsame Ebene zu begeben, auch wenn ich mir durchaus zweierlei bewusst bin. Erstens genieße ich allein durch meine Position als Redner doch eine – oft im wahrsten Sinne des Wortes – hervorgehobene Stellung. Zweitens weiß ich, dass keinesfalls jeder meine Meinung vertreten muss, nur weil es **meine** Meinung ist. Aber bei mir gegenüber freundlich gestimmten Menschen fällt es mir einfach leichter, offen zu sein – und ich sehe keinen großen Sinn darin, mir meine Arbeit durch eine negative Einstellung zum Publikum zu erschweren.

Auch hier habe ich keinen allgemein gültigen Ratschlag zur Hand, wie Sie denn die richtige Einstellung zu Ihrem Publikum gewinnen können. Ich versuche jedoch immer, mein Publikum da abzuholen, wo es steht. Das gilt insbesondere für den Sprachgebrauch. Erinnern Sie sich noch an unseren Systementwickler und seinen mit Fremdwörtern gespickten Vortrag für die Controller? Natürlich ist es selbstverständlich, dass sich eine Rede, die ich vor Professoren halte, formal und sprachlich von einer Rede unterscheidet, die ich Mitgliedern der Handwerkskammer vortrage. Ich verwende dann verschiedene Begriffe, andere Bilder, andere stilistisch-rhetorische Figuren, die immer strikt auf die Zielgruppe und deren Erwartungs- und Erfahrungshorizont bezogen sind. Zudem spielt gerade bei der sprachlichen Gestaltung einer Rede die Umgebung eine große Rolle. Es macht einen Unterschied, ob ich die Rede in einem exquisiten Umfeld halte, bei der das Publikum in Frack und Abendkleidung meinen Worten lauscht, oder, um das andere Extrem zu nennen, in einer Gaststätte, in der am Stammtisch – bitte nicht verwechseln mit „Stammtisch-Niveau"! – heiß diskutiert wird. Stets aber sind die Begriffe, Bilder und Figuren, die ich verwende, das Ergebnis meiner prinzipiellen Einstellung zum Publikum, dass ich es nämlich einfach ernst nehme. Und wenn die Zuhörer anderer Meinung sind als ich, so akzeptiere ich dies. Allerdings verlange ich dann auch, dass das Publikum seinerseits toleriert, wenn ich eine andere Ansicht vertrete. Und damit bin ich bei:

Die Einstellung des Redners zu sich selbst

Wer eine Rede hält, der will etwas erreichen. Wer etwas erreichen will, der muss führen. Eine Rede ist also Führungsarbeit. Ein Redner ist – zumindest für die Dauer seiner Rede – Führungskraft; und zwar für die Zuhörer mit dem Ziel, ihm und seinen Gedanken zu folgen und ihm – im günstigsten Fall – zuzustimmen. Wer jedoch führt, der muss erstens ein Ziel haben, zweitens in der Lage sein, das Ziel greifbar, erkennbar und lohnenswert darzustellen und drittens als Mensch erkennbar und fassbar sein. Menschen folgen Menschen mit Ideen und keinesfalls – wie leider allzu oft gedacht wird – den Ideen allein oder Ideologien oder Fakten!

Ideen sind sinnlos, wenn niemand davon überzeugt ist. Ideologien sind herzlos, wenn niemand sie mit Leben erfüllt. Fakten dienen – überspitzt gesagt – dazu, den Verstand zu beruhigen. Wer aber eine Rede hält und sich mit ihrem Inhalt identifiziert, sich also zu ihr stellt, der braucht auch sogenannte „Nehmerqualitäten". Ganz unweigerlich ist man als Redner Missverständnissen, Diffamierungen und Ablehnung ausgesetzt. Denn sich stellen heißt, auch zu den eigenen schwachen Seiten stehen. Und jeder Mensch hat nun einmal auch seine schwachen Seiten, und da ist er leicht verwundbar. Angriffen standzuhalten aber bedeutet Mut haben und Vertrauen in die eigene Überzeugung und Stärke.

Immer wieder erlebe ich Redner, die eben diesen Mut nicht haben. Sie verstecken sich hinter „erprobten“ und „anerzogenen“ Formulierungen, Allgemeinplätzen und Worthülsen oder einem antrainierten Verhalten, durch das sie die eigene fehlende Sicherheit zu verbergen suchen. Sie setzen sich eine Maske auf und hoffen, dass niemand dahinter gucken möge. „Hinter meiner Maske habe ich große Macht“, hat einmal einer meiner Seminarteilnehmer gesagt – leitender Manager eines großen Automobilkonzerns. Mut freilich ist eine der großen Tugenden, die – so meine Erfahrung – von allen Menschen aller Rassen zu jeder Gelegenheit anerkannt wird. Mutige Menschen biedern sich nicht bei ihrem Publikum an. Weder erheben sie sich über das Publikum, noch erniedrigen sie sich. Sie machen sich vor dem Publikum nicht kleiner als sie sind, sie stellen sich aber auch nicht über die Zuhörer und blicken hochmütig auf sie herab. Mutige Menschen – und mutige Redner – zeigen sich als die Persönlichkeit, die sie sind. Sie sind von dem überzeugt, was sie sagen, ohne überheblich zu sein, wohlwissend, dass es auch andere Ansichten gibt, die gleichberechtigt neben der eigenen Meinung stehen. Wenn **Sie** diese Einstellung haben, spürt das Publikum Ihre Charakterstärke, die Sie befähigt, sich angreifbar zu machen, indem Sie nicht nur Ihr Wissen, sondern auch Ihr Wesen darbieten. Die Zuhörer honorieren diesen Mut meistens mit Respekt und Achtung – übrigens auch da, wo sie Ihren Ausführungen, Ihren Überzeugungen und Wertsetzungen nicht zustimmen.

Erfolgreiche Sportler sprechen davon, dass sie sich mental gut auf einen Wettbewerb eingestellt haben. Weshalb soll dieses Erfolgsrezept nicht auch für Redner gelten? Die mentale Arbeit, die jeder Redner leisten muss, bevor er sich vor ein Publikum stellt, besteht darin, Sicherheit zu bekommen. Das ist leichter gesagt als getan. Ich jedenfalls gehe mit einer ganz einfachen Fragestellung an Redeaufgaben heran, um mir selbst Sicherheit zu verschaffen:

- Frage 1: „Kann ich das?“
- Frage 2: „Will ich das?“
- Frage 3: „Ist mir das Publikum freundlich gesinnt?“

Wenn ich Frage 1 nicht wirklich positiv beantworten kann, dann arbeite ich halt noch etwas nach. Wenn ich Frage 2 nicht mit einem klaren „Ja“ beantworten kann, dann frage ich mich, was mich daran hindert, es zu wollen und wie ich meine Einstellung ändern kann. Und Frage 3 beantworte ich aus innerer Überzeugung positiv. Nun kann es ja vorkommen, dass es mir nicht gelingt, eine der drei Fragen mit „Ja“ zu beantworten. Dann lasse ich es halt lieber sein mit dem Reden – denn ich kann mir ziemlich sicher sein, dass es schief gehen und die Rede ein Reinfall, ein Fiasko wird – und damit ist niemandem gedient. Am wenigsten mir selbst.

„Augenzwinkernde Freundschaft“

Die Einstellung zur Aufgabe, zum Thema, zum Publikum, zu sich selbst: das sind vier Einzelaspekte, die aber alle zusammen gehören. Sie sind die „vier Seiten einer Medaille“ (wobei mir klar ist, dass eine Medaille nur zwei Seiten hat. Aber wir können ja noch den Rand und das Metall dazunehmen, dann passt das Bild wieder). Am wichtigsten ist, dass Sie als Redner sich mit dem Publikum auf derselben Augenhöhe befinden, auf einer Wellenlänge schwimmen, dieselbe Sprache sprechen. Bedenken Sie auch die möglichen Folgen, wenn sich ein Redner selbst klein macht, sich unter das Publikum stellt oder sich über es erhebt. Es könnte zum Beispiel passieren, dass das Publikum sich dann bemüßigt fühlt, dem Redner das zu geben, was er augenscheinlich verdient: Entweder wird er, der Kleinmütige, nun wirklich niedergemacht („Der hat es ja nicht besser verdient“), oder, als Hochmütiger, von seinem hohen Ross heruntergeholt, nach dem Motto: „Na, dem arroganten Kerl werden wir es schon zeigen.“ In beiden Fällen verlieren Sie den Respekt und die Achtung des Publikums, und vielleicht auch – ohne es zu bemerken – die Achtung vor sich selbst. Dabei wollten Sie dem Publikum doch etwas geben, ihm einen Wert oder Nutzen mit Ihrer Rede vermitteln. Darum: Das Publikum muss Ihnen etwas wert sein, und Sie den Zuhörern. Das, was sich zwischen dem Publikum und Ihnen aufbauen sollte, möchte ich eine „augenzwinkernde Freundschaft" nennen. Und Sie als der Redner und als der aktive Teil dieser Beziehung sind es, der durch die richtige Einstellung, durch Authentizität, Glaubwürdigkeit, Fairness und Ehrlichkeit diese komplizenhafte Übereinstimmung herstellen kann. Wenn es Ihnen übrigens gelingt, diese Einstellung zu gewinnen und eine freundliche Grundstimmung zwischen Ihnen und dem Publikum aufzubauen, lösen Sie damit gleich mehrere Probleme auf einen Schlag:

- Sie dürfen Fehler machen! Denn Ihr Publikum ist eher bereit, einem „Freund", der es ernst nimmt, Fehler nachzusehen und zu verzeihen.
- Dem Publikum fällt es leichter, sich auf den Inhalt Ihrer Rede zu konzentrieren, Ihren Argumentationsgang nachzuvollziehen, Ihre Botschaft aufzunehmen und sich kritisch mit dem Redeinhalt auseinander zu setzen – und nicht mit Ihnen!
- Sie können sich ebenfalls auf das Wesentliche konzentrieren, nämlich auf Ihre Rede selbst.
- Sie haben weniger mit Lampenfieber und der Blamageangst zu kämpfen, denn Sie wissen, dass Sie sich ruhig einmal versprechen oder vielleicht sogar „stecken bleiben" dürfen, ohne dass hämische Reaktionen drohen.

1.3 Was Menschen zum Zuhören bewegt

Rhetorik ist die Kunst, Menschen zum Zuhören zu bewegen. Aber was bewegt die Menschen zuzuhören? Wenn ich zu Veranstaltungen eingeladen werde (oder einfach hingehe, weil es mich interessiert), suche ich gewöhnlich das Gespräch mit anderen Zuhörern. Fast immer kommt dabei das Gespräch auf die Redner, die Inhalte, die Vorträge an sich. Vielleicht geht es Ihnen auch so wie vielen meiner Gesprächspartner (und mir übrigens auch): Eine Rede darf ruhig einmal weniger professionell sein, wenn zwei Bedingungen erfüllt sind.

Bedingung 1: Der **Inhalt der Rede** ist für den Zuhörer interessant. Das kann etwa der Fall sein, wenn der Zuhörer ganz gezielt zu einem Vortrag geht, weil er sich Informationen verspricht, die er aus welchen Gründen auch immer benötigt. Dazu einige Beispiele:

- Ich bereite eine Reise durch Marokko vor, habe ein halbes Dutzend Bücher gelesen und kann mich in einem Vortrag eines Einheimischen über die besten Reisewege durch den hohen Atlas unterrichten.
- Als Physiker will ich mich über den neuesten Stand der Lasertechnik schlau machen und besuche den Vortrag eines anerkannten Spezialisten, von dem ich mir neue Einsichten verspreche.
- Ich plane eine Geldanlage und besuche deshalb eine Veranstaltung meiner Hausbank. Oder, oder, oder ...

In allen Fällen ist der Inhalt wichtig, deshalb werde ich zuhören. Die rhetorischen Stilmittel der Redner sind für mich eher nebensächlich.

Bedingung 2: Der **Redner selbst** ist für die Zuhörer interessant. Auch hier zwei Beispiele aus meinem Leben:

- Da gab es den Vortrag eines sehr bekannten Fußballtrainers über „Motivation im Sport und was die Wirtschaft davon lernen kann". Der Mann war für mich aus zwei Gründen interessant. Erstens, weil wir in der Jugend gegeneinander gespielt hatten, zweitens, weil ich wissen wollte, wie er in einem völlig fremden Umfeld wirkt.
- Ich hatte ein Buch gelesen, das sozusagen meinen „Nerv" getroffen hatte. Die Ansichten des Autors stimmten haargenau mit dem überein, was ich seit einiger Zeit in einem meiner Trainings selbst verkündet hatte. Der Mann war für mich interessant, den musste ich sehen und hören.

Hier kommt es also weniger auf den Inhalt als vielmehr auf die Person an, die den Vortrag hält. Auch die Rhetorik war zunächst weniger interessant für mich. In beiden Fällen war ich übrigens von den Rednern ziemlich enttäuscht, weil ich dann doch erwartet hatte, dass sie sich für das viele Geld, das sie bekommen hatten, etwas mehr Mühe für ihre Zuschauer geben würden. Alles in allem war es mir die Sache dennoch wert, denn ich konnte ganz nebenbei noch ein paar nette Kontakte knüpfen. Um eine Rede aber auch für all die anderen Zuhörer interessant, wertvoll und unterhaltend zu machen, halte ich noch ein paar Dinge mehr vonnöten. Ich wünsche mir als Zuhörer, dass:

- der Redner seine Gedanken für das Publikum nachvollziehbar und klar formuliert, seine Rede also einen „roten Faden“ hat;
- der Redner das, was er sagen will, gedanklich von verschiedenen Seiten beleuchtet und abwechslungsreich vorträgt;
- der Redner anschaulich, bildhaft und lebendig spricht. Anekdoten, Geschichten und Schilderungen von Erlebnissen sind die dafür geeigneten Elemente;
- der Redner zeigt, dass er Humor hat;
- der Redner seine Zuhörer in den Mittelpunkt seiner Rede stellt. Da sich jede Rede an zuhörende Menschen wendet, sollte nicht im Vordergrund stehen, dass man „zur Sache“ spricht. Dabei darf, ja muss man auch werten, urteilen und subjektiv sein;
- ein Redner wahrhaftig und ehrlich ist und das, was er sagt, stimmt.

Mir ist bewusst, dass ich mir den Idealfall wünsche und dieser Idealfall nur selten eintritt. Dennoch halte ich es für günstig, wenn sich Menschen, die eine Rede halten, zunächst einmal vorstellen, was sie als Zuhörer von Reden erwarten. Dann kristallisieren sich nämlich schnell diese paar Grundbedürfnisse heraus. Und diese Grundbedürfnisse sind vergleichbar mit den Sternen in der christlichen Seefahrt: die helfen nämlich, das Ziel zuverlässig zu erreichen.

Welche der Regeln dabei die wichtigste ist, hängt von der Art der Rede ab. Am Rosenmontag ist Humor das wichtigste. Am Hochzeitstag kommt es entscheidend darauf an, wie der Redner die persönliche Brücke zu den Hörern schlägt. In einer geschäftlichen Präsentation steht die logische und nachvollziehbare Gedanken- und Argumentationskette im Vordergrund. Auf jede dieser Regeln gehe ich in diesem Buch gesondert und ausführlicher ein. Eines aber steht – zusammen mit der richtigen Einstellung – immer im Vordergrund: die Kongruenz zwischen der Sprache der Wörter, der Stimme und des Körpers.

1.4 Das „Drei-Ebenen-Konzept" der Kongruenz

Der Begriff „kongruent" kommt aus dem Lateinischen und bedeutet allgemein „übereinstimmend und deckungsgleich". In der Geometrie sprechen wir zum Beispiel von deckungsgleichen Dreiecken, das heißt: Dreiecke stimmen in Größe und Gestalt vollständig überein, sie sind kongruent. Was bedeutet das für unser Thema? Ich möchte von einem „kongruenten" Redner sprechen, der sich mit sich selbst im Reinen befindet, der sich in seiner Rede und bei seinem Redevortrag nicht verstellen oder verbiegen muss, der also authentisch ist. Weiter oben habe ich von der Einstellung des Redners zu seiner Aufgabe, zum Thema, zum Publikum und zu sich selbst gesprochen. Der „kongruente" Redner also hat zu diesen vier Aspekten die richtige Einstellung gefunden – und deswegen gibt es bei ihm keinen Widerspruch zwischen dem, was er sagt, den Wörtern, die er gebraucht, der Stimme, die er erhebt, und der Körpersprache, durch die er nonverbale Signale aussendet.

Die Sprache der Wörter

In einem meiner Rhetorik-Seminare, dem „Auftritt®", lernte ich einmal einen Abteilungsleiter eines mittelständischen Textilunternehmens kennen. Ein Mann, der sein Herz auf der Zunge trägt, der auf die Menschen offen zugeht, im Gespräch und in der Diskussion auf seine Ausdrucksweise nicht viel Wert legt. Durch sein engagiertes und extrovertiertes Wesen – so drückte er sich aus – „fällt es mir ziemlich leicht, andere zu begeistern, zu überzeugen und zu motivieren". Dieser Mann nun saß in meinem Seminar und sollte – als Einstiegsübung – einen kurzen Vortrag zu einem selbst gewählten Thema halten. Das Publikum: seine eigene Abteilung (die natürlich nicht wirklich anwesend war, sondern sich aus den anderen Seminarteilnehmern und mir zusammensetzte). Anscheinend glauben die meisten Menschen – und dazu zählte auch mein Abteilungsleiter – sie müssten sich vor Publikum, in der Rede, besonders gewählt und gebildet ausdrücken. Auf jeden Fall ließ der Abteilungsleiter eine mit zahlreichen Fremdwörtern gespickte Rede auf seine Zuhörer los, lange und verschachtelte Endlos-Sätze, in denen er sich oft genug zu verheddern drohte. Insgesamt aber machte er seine Sache gar nicht schlecht – nur: er wirkte vollkommen unglaubwürdig, „unecht", seine Rede kam gestelzt, aufgesetzt und ohne Überzeugungskraft daher. Kein Wunder, er hatte sich „verbogen", die Wörter, die er benutzte, waren ihm, seiner Mentalität, seinem Charakter nicht angemessen. Hinzu kam: Seine Wortwahl, sein Vokabular ging auch an der Zielgruppe vorbei, die ja aus Menschen aus seiner Abteilung bestand, und die er sonst so zu begeistern wusste. Allgemeiner Tenor des Publikums: „Er hat nicht den richtigen Ton getroffen." Nach der anschließenden Videoanalyse meinte der Abteilungsleiter entsetzt: „Ich kann gar nicht glauben, dass ich das bin, der da so blasiert daherredet!"

Kongruenz der Wörter – das heißt: Es besteht Übereinstimmung zwischen dem Publikum, dem Redner und den Wörtern, die er benutzt. Das Vokabular, das ich verwende, muss also dem Publikum und mir angemessen sein. Ob ich nun vor allem Professoren im Auditorium sitzen habe oder Mitglieder eines Fußball-Fanclubs – natürlich muss ich meine Wörter, meine Begriffe, meine Bilder den Menschen und ihrem Erwartungshorizont so weit wie möglich anpassen. „Er spricht unsere Sprache", heißt es dann meistens. Aber dies darf nicht geschehen unter Preisgabe meiner Identität und Authentizität. Unser Abteilungsleiter sollte also nicht versuchen – selbst wenn er sprachlich und rhetorisch dazu in der Läge wäre –, Thomas-Mannsche Satzungetüme aufzubauen und Fremdwörterberge anzuhäufen; damit wird er seinem

Publikum und sich selbst nicht gerecht. Er verliert seine Spontaneität und seinen Elan, seine Überzeugungskraft. Ich möchte die „Kongruenz der Wörter“ in einem Satz zusammenfassen, von dem ich hoffe, dass Sie ihn nach „Ihrer“ Rede erleichtert äußern können:

> „Ich habe das richtige Wort für mein Publikum gefunden, und mein Publikum hat das Wort richtig gefunden!“

Die Sprache der Stimme

Es ist die Stimme, über die „Stimmung“ transportiert wird. In einer Rede, welcher Art sie auch immer sein mag, geht es stets auch darum, Emotionen anzusprechen und zu wecken, und es ist die Stimme, in der sich die emotionale Beteiligung eines Redners an seiner Rede kristallklar widerspiegelt. Als Rhetoriktrainer, der diesen Job schon ein paar Jährchen macht, kann ich sagen: Die Einstellung eines Redners lässt sich vor allem an der Stimme erkennen. Die Stimme lässt sich nicht verbiegen oder manipulieren, spätestens an der Stimme eines Redners kann der kundige und aufmerksame Zuhörer erkennen, ob der Redner hinter dem steht, was er sagt, und ob er sein Publikum und auch sich selbst ernst nimmt – oder ob er allen etwas vorspielt.

Es ist mithin die Stimme, die die innere Stimmung eines Redners offen legt und dem Publikum einen Blick in die Seele der Rede und des Redners gewährt. Die Stimme kann die Stimmung des Redners und seine Einstellung manchmal auch verraten: Die Stimme übt dann – in einem für das Publikum positiven Sinne – Verrat an dem Redner, indem sie offenbart, ob der Sprecher kongruent ist mit dem, was er sagt. Denn die Stimme zeigt auf unbestechliche Weise, wie es mir – unabhängig von dem, was ich sage – wirklich geht, wie meine Einstellung zum Thema und zum Publikum ist. Dieser Aspekt lässt sich kaum in Worte fassen, weil mir hier in diesem Buch eben nicht die Stimme zur Verfügung steht, um zu verdeutlichen, welche wichtige Bedeutung ihr in einer Rede zukommt. Aber vielleicht können Sie sich in die folgende

Situation hineindenken: Eine Führungskraft muss der Belegschaft einschneidende Veränderungen mitteilen, Entlassungen stehen an. Die Führungskraft benutzt in ihrer Rede wohlformulierte, um Verständnis bittende Worten, die Stimme aber verrät, dass sie emotional an der Sache überhaupt nicht beteiligt ist und ihr die Menschen, die vielleicht entlassen werden müssen, im Grunde ziemlich gleichgültig sind.

Damit Sie mich nicht falsch verstehen: Es geht nicht darum, diese Führungskraft nun auf ein Rhetoriktraining zu schicken, damit sie die Kongruenz der Stimme erlernt. Denn das wäre reine Manipulation und hätte mit Authentizität als Grundlage einer Rede nichts, aber auch überhaupt nichts zu tun. Entweder hätte jene Führungskraft diese Rede gar nicht halten dürfen oder frank und frei ihr emotionales Unbeteiligtsein eingestehen müssen. Besser wäre es gewesen, einen Redner zu wählen, der von der Notwendigkeit des Redeinhaltes überzeugt ist, die Belegschaft und ihre Ängste ernst nimmt und der mit dem Herzen an der schwierigen Situation und den eventuellen Entlassungen beteiligt ist.

Trotzdem lässt sich natürlich auch etwas für die Stimme tun, ohne dass der Ruch der Manipulation aufkommt. Sprechtempo, Stimmstärke und Stimmlage zum Beispiel können, wie alles andere auch, trainiert werden. Wenn Sie von Natur aus eine sehr leise Stimme haben, Sie aber des öfteren in großen Sälen reden müssen, ist es durchaus sinnvoll, die Kraft der Stimme zu trainieren. In einem Stimmtraining werden Ihnen Techniken nahe gebracht, mit denen Sie das laute Sprechen trainieren können. Andererseits: Wenn Sie eine eher laute Stimme haben, die fast schon ans Schreien grenzt, sollten Sie ebenfalls an Ihrer Stimme arbeiten. Dies lässt sich allerdings am besten in einem Seminar üben, wenn dem Trainer quasi das „Material", also Ihre Stimme, zur Verfügung steht. Deswegen möchte ich hier darauf verzichten, Ihnen Übungen zum Stimmtraining zu präsentieren, die Ihre Stimme mit hoher Wahrscheinlichkeit sowieso nicht „treffen" würden. Ich möchte Ihnen lieber den Besuch eines Rhetoriktrainings oder eines Logopäden empfehlen; dort kann man individuell auf Sie und „Ihre" Stimme eingehen.

Wenn Sie aber unbedingt bereits jetzt Ihre Stimme trainieren wollen – auch dann gibt es eine Möglichkeit: Lesen Sie sich selbst, Ihren Kindern oder anderen Personen, denen Sie eine Freude machen wollen, ein Märchen oder ein Gedicht vor. Schlüpfen Sie dabei in die Rolle der Figuren, transportieren Sie über Ihre Stimme deren Emotionen und Stimmungen. Lassen Sie Ihre Zuhörer das Vertrauen, welches das Rotkäppchen dem als Großmutter verkleideten, bösen Wolf entgegenbringt, ebenso spüren wie die Angst und das Entsetzen des Mädchens, als der Fiesling sich schließlich zu erkennen gibt. Spielen Sie den Wolf, der sich zunächst hinterlistig verstellt und dann Schritt für Schritt seine Maskerade ab- und sein wahres Wesen offen legt. Und wenn Sie sich dabei kontrollieren wollen, dann stellen Sie ein Mikrofon auf und lassen Sie eine Kassette mitlaufen.

Die Sprache des Körpers

Wenn Ihre Einstellung „stimmt“ – das haben mir meine Erfahrungen im Seminar und bei eigenen Reden immer wieder gezeigt – wird Ihr Körper automatisch genau das tun, was richtig ist! Wenn Sie als Redner authentisch auftreten, sich als der geben, der Sie sind, und zu Ihren Zuhörern eine „augenzwinkernde Freundschaft“ aufbauen, unterstützen Ihre Gestik und Mimik „wie von selbst“ das, was Sie sagen. Es ist schon eigenartig: Wenn wir im geselligen Kreis mit Freunden und Bekannten zusammen stehen, stellen wir uns nie die Frage: „Wohin denn nun mit den Händen?“ oder: „Sollte ich nun an dieser Stelle eine ausladende Handbewegung ausführen, um das Gesagte zu unterstreichen?“. Der Körper wird nur dann zu einer Hürde oder Barriere in der „offiziellen“ Redesituation, wenn wir vor einem Publikum stehen oder sitzen und uns die Angst vor der Bewältigung dieser Situation befällt. Dies mag auch daran liegen, dass wir die Naivität verloren haben, uns unvoreingenommen vor ein Publikum zu begeben, uns auf die Kraft der Argumente zu verlassen und darauf zu vertrauen, dass uns unsere konstruktive Einstellung zum Redethema, zum Publikum und zu uns selbst die Situation bestehen lassen. Allzu oft stelle ich bei meinen

Seminarteilnehmern fest, dass die natürliche Kongruenz mit ihrem Körper verloren gegangen ist, weil sie – animiert durch ein gesundes Halbwissen – glauben:

- wenn ich nun dieses Argument vorbringe, ist es am besten, wenn ich die Handflächen nach oben hin öffne und selbstbewusst das Kinn nach vorne strecke;
- diese Redepassage hinterlässt den größten Eindruck, wenn ich Blickkontakt zu einem Zuhörer aufnehme, lächle und das Ganze mit einem sachten Nicken verstärke;
- wenn ich jetzt die Arme verschränke, dann wirke ich verschlossen.

Das führt dann zu Stichwortzetteln oder ausgearbeiteten Redemanuskripten (ein Beispiel finden Sie im siebten Kapitel), in denen zu jedem Wort eine Regieanweisung zu finden ist, die genau beschreibt, welche nonverbalen Signale mit dem Redetext einhergehen müssen. Welch eine Überforderung, der sich der Redner freiwillig aussetzt! Den Text vortragen, jeden Körperteil unter Kontrolle haben und zur Unterstützung der Rede einsetzen, permanent überlegen, wie wohl das Publikum diese oder jene Geste oder Gebärde interpretieren wird. In einem Rhetorikbuch fand ich auf nur zwei Seiten Dutzende von Anweisungen zu den nonverbalen Signalen, die möglicherweise alle ihre Berechtigung haben und denen ich auch in gewissem Maße zustimme. Aber sie als Generalregeln zu betrachten, das halte ich für ... Um Ihnen einen kleinen Überblick zu verschaffen, hier ein Ausschnitt – wobei ich mir erlaube, einige durchaus provokante Anmerkungen einzuwerfen:

- Hasten Sie nicht wie gejagt nach vorne. (*Zwischenfrage*: Was tun, wenn ich mich einfach auf den Vortrag freue und endlich beginnen will?)
- Hüsteln Sie nicht während des Vortrages. (*Zwischenfrage*: Was tun, wenn ich am Vortragstag erkältet bin?)
- Räuspern Sie sich nicht beim Erreichen des Rednerpultes. (*Zwischenfrage*: Was tun, wenn ich mich räuspern MUSS?)

- Lächeln Sie weder ängstlich noch verlegen. (*Zwischenfrage*: Was tun, wenn ich ein bisschen Lampenfieber habe?)
- Signalisieren Sie durch Ihre Kopfhaltung Selbstbewusstein. (*Zwischenfrage*: Was tun, wenn der Hals schmerzt?)
- Ziehen Sie nicht die Schultern hoch. (*Zwischenfrage*: Was tun, wenn der Anzug zwickt?)
- Pressen Sie die Arme nicht zu eng an sich, das wirkt verklemmt. (*Zwischenfrage*: Was tun, wenn der Anzug – siehe oben.)
- Halten Sie sich nicht zu aufrecht. (*Zwischenfrage*: Was tun, wenn die Bandscheibe es verlangt?)
- Nehmen Sie aber auch keine zu lässige Haltung ein. (*Zwischenfrage*: Was tun, wenn ich eher ein „hemdsärmeliger" Typ bin?)
- Tänzeln Sie nicht auf der Stelle. (*Zwischenfrage*: Was tun, wenn der Schuh drückt?)
- Zwischen Socken und Hosenbeinen darf keine blanke Haut zu sehen sein – also nicht die Beine verknäulen. (*Zwischenfrage*: Was tun, wenn die Haltung für mich ganz bequem ist?)
- Beim Sitzen nicht die Beine um die Stuhlbeine wickeln. (*Zwischenfrage*: Was tun, wenn die Haltung – siehe oben.)

Wie schon gesagt: Ich möchte hier nicht den Eindruck erwecken, diese „Tipps" seien von vornherein unsinnig. Das sind sie nicht! Aber ich meine auch: Wenn der Redner nur einen Bruchteil dieser Anweisungen bedenkt – und es kommen dann ja noch zahlreiche weitere Tipps zu anderen Aspekten des Redevortrages hinzu! –, muss doch jede Spontaneität, muss doch jede Freude und jeder Spaß am Reden verloren gehen! Das Lampenfieber und die Anspannung steigen ins Unermessliche, wer tausend Dinge beachten will, dem können auch tausend „Fehler" unterlaufen; wer zu hohe und vielfältige Ansprüche an sich und seine Körpersprache stellt, dem droht die Gefahr, diesen Ansprüchen nicht gerecht werden zu können, ja dem droht der Rede-Blackout eher als dem Redner, der sich selbst vertraut, im Vorfeld der Rede an seiner Einstellung gearbeitet hat und nun sich und seinem Körper vertraut.

Dazu möchte ich Ihnen eine Geschichte erzählen, die aus Heinrich von Kleists kleinem Prosastück „Über das Marionettentheater“ stammt und die – obgleich der Dichter und Schriftsteller sie vor fast genau zweihundert Jahren niederschrieb – sehr schön illustriert, worum es mir geht:

Thema des kleinen Aufsatzes ist die Zerstörung der Naivität, der Spontaneität, der natürlichen Anmut und Grazie durch das Bewusstsein und dadurch, dass dem Menschen sein Verstand oft eher schadet als nutzt. In dem Aufsatz berichtet der Erzähler von der Begegnung mit einem Herrn C., mit dem er über die natürliche Anmut der Marionette und des Tieres diskutiert, die dem Menschen überlegen seien. Denn dem Menschen komme der Verstand und das Bewusstsein in die Quere; diese verhinderten, dass er unbewusst und naturgemäß handele. Herr C. erzählt, wie er dies einmal am eigenen Leib zu spüren bekam, als er mit einem Bären focht – wobei der Mensch dem instinktiv und unbewusst handelnden Tier hoffnungslos unterlegen war. Der Erzähler selbst berichtet folgende Geschichte:

„Ich badete mich, vor etwa drei Jahren, mit einem jungen Mann, über dessen Bildung damals eine wunderbare Anmut verbreitet war. (...) Es traf sich, daß wir grade kurz zuvor in Paris den Jüngling gesehen hatten, der sich einen Splitter aus dem Fuße zieht; der Abguß der Statue ist bekannt und befindet sich in den meisten deutschen Sammlungen. Ein Blick, den er in dem Augenblick, da er den Fuß auf den Schemel setzte, um ihn abzutrocknen, in einen großen Spiegel warf, erinnerte ihn daran; er lächelte und sagte mir, welche eine Entdeckung er gemacht habe. In der Tat hatte ich, in eben diesem Augenblick, dieselbe gemacht; doch sei es, um die Sicherheit der Grazie, die ihm beiwohnte, zu prüfen, sei es, um seiner Eitelkeit ein wenig heilsam zu begegnen: ich lachte und erwiderte – er sähe wohl Geister! Er errötete, und hob den Fuß zum zweitenmal, um es mir zu zeigen; doch der Versuch, wie sich leicht hätte voraussehen lassen, mißglückte. Er hob verwirrt den Fuß zum dritten und vierten, er hob

ihn wohl noch zehnmal: umsonst! Er war außerstand, dieselbe Bewegung wieder hervorzubringen – was sag ich? Die Bewegungen, die er machte, hatten ein so komisches Element, daß ich Mühe hatte, das Gelächter zurückzuhalten:–

Von diesem Tage, gleichsam von diesem Augenblick an, ging eine unbegreifliche Veränderung mit dem jungen Menschen vor. Er fing an, tagelang vor dem Spiegel zu stehen; und immer ein Reiz nach dem anderen verließ ihn (...) und als ein Jahr verflossen war, war keine Spur mehr von der Lieblichkeit in ihm zu entdecken, die die Augen der Menschen sonst (...) ergötzt hatte."

Mir ist sehr wohl bewusst, dass die Seminare über Körpersprache voll sind, mir ist ebenso bewusst, dass sich Bücher von Samy Molcho erstklassig verkaufen. Und ich halte es auch für gut, wenn sich Menschen über die Wirkung der Körpersprache informieren. Ich selbst habe eine Schauspielschule besucht und dabei gelernt, wie schwierig es ist, einen seelischen Zustand ohne Worte auszudrücken. Samy Molcho, den ich sehr verehre, ist nun einmal Pantomime. Er hat sein ganzes Leben daran gearbeitet, zu dieser besonderen Perfektion zu gelangen. Für wen das Einstudieren von Körpersprache etwas ist, der soll es halt tun. Ich jedoch meine, für uns rednerische „Otto Normalverbraucher" gibt es andere Mittel, als vor dem Spiegel nonverbale Signale einzuüben. Die Gefahr ist groß, sich lächerlich zu machen oder vom Publikum doch als „falscher Fuffziger" bezeichnet zu werden. Stellen Sie sich nur die Wirkung vor, die entsteht, wenn die einstudierte Handbewegung nur Sekundenbruchteile zu spät oder zu früh erfolgt und dann nicht mehr zum Text „passt". Geht dann nicht jede Glaubwürdigkeit den Bach hinunter?

> Ich schlage Ihnen vor, sich intensiver mit den genannten vier Aspekten der Einstellung zu beschäftigen, also mit der richtigen Einstellung zu Ihrer Redeaufgabe, zum Redethema, zum Publikum und zu sich selbst, als mit den zahlreichen Tipps und Tricks zur Körpersprache.

Eine Rede gelingt dann, wenn Sie sich in der Redesituation wohl fühlen, von sich selbst überzeugt sind und wissen: „Ich kann das!“, dem Thema gewachsen sind und zu den Zuhörern jene „augenzwinkernde Freundschaft“ aufbauen können. Wer sich sicher fühlt, kann sich der unbewussten Grazie und Anmut aus der Kleist-Erzählung vielleicht wieder ein wenig annähern. Wer seine Einstellung gefunden hat, der setzt die Körpersprache instinktiv passend ein und braucht sich nicht mehr zu fragen, ob „diese Geste meinen Redetext unterstützt“.

Ich habe es schon einmal zu Beginn dieses Buches angemerkt: Körpersprachliche Signale dürfen nicht zum Selbstzweck geraten. Ob und wie Sie Körpersprache einsetzen, sollte vielmehr das Ergebnis Ihrer Einstellung zur Rede, zum Publikum, zu sich selbst sein, das Ergebnis der Kongruenz zwischen der Sprache der Wörter, der Stimme und des Körpers. Unsicherheit lässt sich nur schwerlich vor dem Spiegel wegtrainieren. Es ist vielmehr Ihre Einstellung, die Sie überprüfen müssen. Und deshalb kann Samy Molcho oder ein erstklassiger Schauspieler auch so überzeugend wirken: Sie haben die für die Rolle passende innere Einstellung!

Ich komme noch einmal auf ein bereits erwähntes Beispiel zurück: Ein Redner trommelt andauernd mit den Fingern auf das Rednerpult und erweckt so den Eindruck der Nervosität. Gleichzeitig teilt er mit, er sei die Ruhe selbst. Das Publikum meint, er überspiele trommelnd seine Unsicherheit. Wenig sinnvoll ist es nun, lediglich das Symptom zu bekämpfen und in der nächsten Rede die Finger anderweitig zu beschäftigen, zum Beispiel, indem der Redner einen Stift in die Hände nimmt. Wahrscheinlich wird er dann mit dem Stift spielen, denn das Eigentliche ist nicht erkannt. Erfahrungsgemäß suchen sich die Symptome immer einen Ausweg. Ich halte es deshalb für nützlicher zu fragen, warum er denn „trommelt“. Vielleicht ist er ungeduldig, hat eigentlich gar keine Lust, die lästige Pflicht des Vortrages auf sich zu nehmen. Vielleicht hat er Angst, weil jemand im Publikum sitzt, vor dem er sich nicht blamieren will. Vielleicht gibt es andere Gründe, die ihn „trommeln“ lassen. Ich meine, dieser Redner sollte zunächst einmal seine Einstellung überprüfen und den Vortrag gegebenenfalls

Vortrag sein lassen – oder eine andere Einstellung zu der Situation aufbauen. Vielleicht gelangt er ja dann zu der Einsicht, dass das Publikum es wert ist, die Informationen und Überlegungen mitgeteilt zu bekommen, die in seiner Rede enthalten sind. Und dann wird sich das Fingergetrommel gar nicht erst einstellen. Ähnliches gilt für unseren Redner, der sich „freut“, vor seinen Zuhörern sprechen zu dürfen – und dies mit Grabesstimme dünn und eintönig und ohne den Anflug eines Lächelns verkündet.

Wenn ein Redner seine Einstellung „im Griff“ hat, dann können auch jene „Kniffe“ weiterhelfen, die ich weiter oben ein wenig lächerlich gemacht habe. Setzen wir einmal voraus, Sie fühlen sich unsicher, wenn Sie freistehend vor einem Publikum sprechen müssen. Hier bietet es sich an, einen Stuhl oder ein Rednerpult zu Hilfe zu nehmen, an dem Sie sich „festhalten“ können. Wenn das hilft, dann ist es in Ordnung!

Oder Ihre Unsicherheit resultiert aus der Frage: „Wohin mit meinen Händen?“ Halten Sie dann einen Notizblock oder Ihre Stichwortkarten in Ihren Händen – wobei es gar nicht darauf ankommt, dass Sie die Karten benötigen, um Ihren Text abzulesen oder sich Ihre nächste Redepassage ins Gedächtnis zu rufen. Wichtig ist auch hier, dass Sie einen Festhaltepunkt haben, der Sie Sicherheit gewinnen lässt. In meinen Seminaren habe ich schon oft beobachtet, dass Redner Probleme mit ihrer Standfestigkeit haben und dies dann zur Unsicherheit führt. Denn der Gleichgewichtssinn verbraucht Energie, um diesen Rednern zu einem festen Stand zu verhelfen. Oft hilft hier der Ratschlag weiter, sich fest mit beiden Beinen vor den Zuhörern aufzustellen. Der Gleichgewichtssinn ist dann gleichsam von einer Last befreit, weil der Redner sein „inneres Gleichgewicht“ gefunden hat, und es werden Energien frei, die der Redner an anderer Stelle einsetzen kann.

Jeder Redner ist auf Rückmeldungen aus dem Auditorium angewiesen: „Wie kommt meine Rede an, wie wirkt sie auf die Zuhörer?“ Eine Möglichkeit, dies zu überprüfen, ist der Blickkontakt, der bewusste Blick in die Augen Ihres Gegenübers. Wenn die Analyse der Faktoren, die bei Ihnen zur Unsicherheit führen, ergibt, dass Sie ab und zu ein – möglichst positives – Feedback aus dem Publikum benötigen, nehmen

Sie also möglichst oft Blickkontakt auf. Dies werden Sie übrigens sowieso, quasi automatisch und unbewusst tun, wenn Ihre Einstellung der „augenzwinkernden Freundschaft“ verpflichtet ist. Denn dann wollen Sie sich ja mit dem Publikum auf eine Wellenlänge begeben, und Sie werden dazu auch den Blickkontakt nutzen – „wie von selbst“.

Ein weiterer wichtiger Aspekt der Körpersprache ist die Hülle, in der Ihr Körper steckt, sprich die Kleidung oder – umfassender formuliert – das äußere Erscheinungsbild des Redners. Es mag sein, dass die Zusammensetzung Ihres Auditoriums oder das Thema Ihres Vortrages es notwendig machen, auf das äußere Erscheinungsbild größeren Wert zu legen. Wenn Sie einen fachwissenschaftlichen Vortrag vor Professoren halten, kann es möglich sein, dass Ihre Jeans oder Ihr zehn Jahre altes Kleid nicht angemessen sind – Sie sind es den Erwartungen des Publikums, das Sie ernst nehmen wollen, und Ihrem Sicherheitsgefühl schuldig, sich entsprechend zu kleiden. Oder es mag sein, dass Sie selbst sich einfach sicherer fühlen, wenn Sie – als Herr – mit einer bestimmten Krawatte Ihre Rede halten. Auch dann sollten Sie sich genau überlegen, in welcher Kleidung Sie ans Rednerpult treten.

Manfred R.A. Rüdenauer merkt in seinem Buch „Das Econ Rhetorik-Handbuch für Manager“ an: „Durch seine Körpersprache vermittelt der Redner ganz entscheidende Botschaften hinsichtlich seines Selbstgefühls, seiner Einstellung zum Publikum und zur Rede-Situation sowie seiner Identifikation mit den Zielen und Inhalten seiner Rede.“ Hier schließt sich der Kreis: Wenn Ihre Einstellung stimmt, wird sich dies auch in Ihrer Körpersprache bemerkbar machen, in Ihrer Wortwahl, in Ihrer Stimme. Die Kongruenz zwischen der Sprache der Wörter, der Stimme und des Köpers ist erreicht. Welche „Hilfsmittel“ Sie bei Ihrer Körpersprache einsetzen, hängt immer von der Analyse derjenigen Faktoren ab, die den Blick auf die wahren Ursachen Ihrer Unsicherheit freigeben.

Zum Ende dieses Kapitels möchte ich einen Eindruck zurechtrücken, den Sie beim Lesen vielleicht gewonnen haben könnten. Dazu möchte ich eine kleine Geschichte erzählen – ihrem Titel werden Sie in diesem

Buch zuweilen begegnen. Diese Geschichte spielt zu Zeiten des Propheten Mohammed in einer Oase:

„Vertraue auf Gott, aber binde dein Kamel an“

Als Mohammed diese Oase betritt, kommt ihm ein Gläubiger entgegen. Als er Mohammed erkennt, beginnt er sogleich, ihn zu beschimpfen: „O Prophet, die Worte deiner Lehre hörte ich wohl, und ich habe auch danach gehandelt. Auf Gott habe ich vertraut, als ich auf meinem Kamel in diese Oase geritten bin. Nur kurz laben wollte ich mich. Jetzt, da ich weiterziehen will, stelle ich fest, dass mein Kamel verschwunden ist.“ Der Prophet hörte geduldig zu und fragte dann: „Hast du das Kamel angebunden?“ „Natürlich nicht“, entgegnete der Gläubige, „ich habe darauf vertraut, dass Gott es schützen und mir erhalten wird, so wie du es lehrst.“ „Vertraue auf Gott“ sagte darauf Mohammed, „aber binde dein Kamel an.“

Was will ich damit ausdrücken? Das Vertrauen in sich selbst ist die eine Sache, dafür zu sorgen, dass die Rahmenbedingungen stimmen, die andere. Für uns als Redner heißt das: Authentisch sein und sich gewissenhaft vorbereiten sind die Basis für den Erfolg. Nur Authentizität, ohne Vorbereitung – siehe das weggelaufene Kamel. Gute Vorbereitung ohne Authentizität bringt auch nichts. In diesem Zusammenhang möchte ich bereits jetzt auf das nächste Kapitel verweisen, in dem es um Strategien geht, etwas gegen das Lampenfieber und die Blamageangst zu tun. Denn wer seine Aufregung und die Furcht, sich zu blamieren, im Griff hat, verringert seine Unsicherheit ganz erheblich. Wer unbefangen und sicher auftreten kann, bei dem kommt seine natürliche Körpersprache zum Vorschein, bei dem entwickelt sich eine natürliche Gestik und Mimik, und die Frage, welche Gesten, welche nonverbalen Signale mich verraten könnten, stellt sich erst gar nicht – denn was nun folgt, ist ein authentischer Redeauftritt.

Zusammenfassung

➢ Wer Zuhörer zum Zuhören bewegen will, muss authentisch sein. Mehr als die Beherrschung des rhetorischen Werkzeugkastens zählt die Einstellung des Redners. Wenn die Einstellung nicht stimmt, ist der Rederfolg von vornherein gefährdet, denn der Redner wirkt unglaubwürdig.

➢ Dabei ist die richtige Einstellung zur Aufgabe, zum Thema, zum Publikum und zu sich selbst von Bedeutung (= die vier Aspekte der Einstellung).

➢ Zu der richtigen Einstellung zu gelangen, liegt in der Verantwortlichkeit eines jeden Redners. Die wichtigsten Ansatzpunkte sind:
- sich die Aufgabe klarmachen, die mit der Rede verbunden ist;
- sich die Notwendigkeit verdeutlichen, sich des Redethemas anzunehmen – auch wenn es ein unangenehmes ist;
- das Publikum ernst nehmen und es da abholen, wo es steht: sprachlich, intellektuell und emotional;
- von sich selbst überzeugt sein, sich selbst achten und sicher vor das Publikum treten.

➢ Wer die richtige Einstellung hat und Spaß und Freude am Reden hat, wird zur Kongruenz, zur Übereinstimmung gelangen zwischen:
- der Sprache der Wörter,
- der Sprache der Stimme und
- der Sprache des Körpers.

➢ Rhetorische „Tipps, Tricks und Hilfestellungen“ können dann – sparsam und dezent! – eingesetzt werden und entfalten nur dann die gewünschte Wirkung, wenn sie auf dem Fundament der richtigen Einstellung fußen. Der Einsatz jener „Tipps und Tricks" muss das Ergebnis einer richtigen und konstruktiven Einstellung zu den genannten vier Aspekten darstellen.

- Wer rhetorische Hilfsmittel lediglich seiner Rede überstülpt, bekämpft nur die Symptome seiner Unsicherheit. Notwendig ist vielmehr die intensive „Arbeit" an den wahren Gründen für die Unsicherheit – und dazu muss die Einstellung überprüft werden.

Individueller Lernweg: „Schreiben Sie eine Rede!"

Auch beim Reden ist noch kein Meister vom Himmel gefallen – den macht nur die Übung. Ich möchte Sie also bitten, meine Hinweise in der Praxis zu erproben und eine Rede zu schreiben. Die Vorgehensweise dabei: Am Ende des zweiten Kapitels finden Sie eine „Musterrede" – eine Musterrede in dem Sinne, dass hier so ziemlich alles falsch gemacht worden ist, was man nur falsch machen kann. Zum Schluss der weiteren Kapitel bitte ich Sie jeweils, aufgrund der Hinweise und Informationen, die ich Ihnen gegeben habe, diese „schlechte Musterrede" zu analysieren und festzustellen: „Wie hätte man es besser machen können?". Diese Überlegungen münden dann in die Bitte ein, am Ende des achten Kapitels eine eigene Rede zu schreiben. Diese Rede können Sie mir zusenden – ich antworte Ihnen dann mit einer Kurzbeurteilung.

2. Lampenfieber: Strategien gegen die Blamageangst

Was Sie in diesem Kapitel erwartet

Lampenfieber – das ist einer der Hauptgegner authentischen Redens, denn Lampenfieber erzeugt negativen Di-Stress, und Stress hat etwas mit Angst zu tun. Wer vor einem größeren Publikum redet, hat vor allem vor einem Angst, nämlich sich zu blamieren. Aber Angst ist ein schlechter Ratgeber, denn Angst verzerrt die Wahrnehmung der Wirklichkeit, führt zu Fehleinschätzungen und falschen Reaktionen. Darum ist es zum einen wichtig, zu seinem Lampenfieber zu stehen, es zu akzeptieren und sich einzugestehen, dass es nicht einfach weg zu argumentieren ist. Aber natürlich gibt es auch Strategien, die helfen, mit Lampenfieber und der Blamageangst so umzugehen, dass sie produktiv wirken, ja der authentischen Rede zugute kommen.

2.1 Was eigentlich ist „Lampenfieber"?

Auch ich habe Lampenfieber, wenn ich eine Rede halten muss, vor jedem Training bin ich aufgeregt, wie früher vor einem wichtigen Fußballspiel. Und ich bin dankbar dafür, keine Prüfungen mehr ablegen zu müssen. Nur: Auftreten muss ich noch immer, und so ziehe ich es vor, meine Nervosität einzugestehen. Meine Erfahrung ist, dass ich dann sehr schnell ruhiger werde. Schließlich habe ich nichts mehr zu verbergen. Plötzlich sind wir, das Publikum und ich, was mein Lampenfieber angeht, so etwas wie Komplizen, können gemeinsam darüber schmunzeln und uns auf das Wesentliche konzentrieren.

Aber: Was eigentlich ist „Lampenfieber“? Nun, Lampenfieber ist ein anderes Wort, vielleicht etwas vornehmer, für „Stress“. Stellen Sie sich einen prähistorischen Menschen vor, der friedlich einige Meter vor seiner Höhle sitzt. Die Sonne scheint, die Vögel zwitschern in den Bäumen, ein Bach murmelt in der Nähe. Dieser Mensch hat gerade gegessen und getrunken, er ist zufrieden mit sich und seinem Leben. Plötzlich erscheint vor ihm ein riesiger Bär, der sich gerade ihn zur Speise ausgesucht hat. Was geschieht mit unserem Freund jetzt? Seine Sinnesorgane melden dem Zwischenhirn, dass Gefahr im Verzug ist. Vom Zwischenhirn aus werden nun alle erforderlichen Maßnahmen zur Abwehr der Gefahr eingeleitet. Augenblicklich übernimmt das vegetative Nervensystem die Kontroll- und Steuerfunktionen. Über die Nervenbahnen gehen Befehle an die Nebennieren, die wiederum produzieren ein bestimmtes Hormon, das Adrenalin, und stoßen dieses Adrenalin in großen Mengen in die Blutbahn aus. Durch den erhöhten Adrenalinspiegel im Blut wird eine Vielzahl physiologischer Vorgänge eingeleitet, unser prähistorischer Freund sozusagen zur Höchstleistung getunt, z. B.:

- Die Atmung wird beschleunigt, die Herzschlagfrequenz erhöht sich und der Blutdruck steigt.
- Die Muskeln sind zu außerordentlichen Leistungen bereit.
- Die Pupillen erweitern sich zur besseren Wahrnehmungsfähigkeit.
- Die Schalter des Gehirns werden blockiert, um unnötige und zeitraubende Überlegungen zu verhindern.
- Das Schmerzempfinden wird herabgesetzt.

Alle diese körperlichen Funktionen führen zu Reaktionen, die vor allem der Überlebenshilfe dienen, und werden als normale Stressreaktion oder auch als positiver Eu-Stress – im Gegensatz zum negativen Di-Stress – bezeichnet. Sie laufen instinktiv und in jedem Lebewesen in gleicher Weise ab. Betrachten wir uns nämlich einmal auf der biologischen Zeitskala, dann sind wir sogenannten zivilisierten Menschen des 20. und 21. Jahrhunderts gerade mal schlappe tausend Generationen von unserem Freund entfernt. Bezogen auf die Hunderttausende von Jahren, die es bereits Lebewesen auf dieser Erde gibt, eine geradezu lächerliche Zeitspanne. Diese Unruhe, die innere Anspannung und eventuell starke nervöse Erregung unseres prähistorischen Menschen ist vergleichbar mit Reaktionen von Rednern, Sportlern, Schauspielern oder Musikern vor einem Auftritt. Zwar steht da kein wildes Tier vor ihnen, aber es sind doch die gleichen Reaktionen, es ist die Angst vor dem Versagen in der Bewährungsprobe im Rampenlicht.

Mit Ihrem Lampenfieber und Ihrer Blamageangst stehen Sie und ich also nicht allein da. Das zeigen auch Zitate von Menschen, bei denen man eigentlich erwarten würde, dass sie mittlerweile kein Lampenfieber mehr haben:

- Alfred Biolek: „Eine Stunde vor dem Live-Auftritt bin ich klatschnass, rede so schnell wie Dieter Thomas Heck und rauche so viel wie Rudi Carrell. Das Lampenfieber wird erst besser, wenn ich Schinkenbrötchen, Würstchen und Buletten in mich hineinschiebe."
- Catarina Valente: „Lampenfieber begleitet mich seit dem ersten Tag meiner Karriere wie ein treuer Hund."
- Juliette Greco: „Ich bin eigentlich ein Mensch, der sich gut in der Kontrolle hat. Aber gegen das Lampenfieber bin ich machtlos."

Was ich mit diesen Beispielen prominenter Zeitgenossen – deren Äußerungen ich übrigens nicht darauf überprüfen konnte, ob sie echt sind, da keiner dieser Prominenten mir persönlich bekannt ist – sagen will: Scheuen Sie sich nicht davor, zu Ihrem Lampenfieber und zu Ihrer Blamageangst zu stehen. Vielleicht wird es Ihnen Ihr Publikum sogar danken, wenn Sie es frank und frei zugeben, dass Sie auch nicht anders reagieren als die meisten Ihrer Zuhörer. Und die Beispiele oben zeigen: Sie können auch erfolgreich sein trotz Lampenfieber – oder sogar gerade deswegen. Lassen Sie sich von der Blamageangst nicht lähmen, sondern lenken Sie sie in produktive Bahnen.

2.2 Die Hauptgründe für Lampenfieber

Ich möchte zur Erläuterung eine Geschichte zitieren, die Paul Watzlawick in seinem Buch „Anleitung zum Unglücklichsein“ erzählt:

Die Geschichte mit dem Hammer

Ein Mann will ein Bild aufhängen. Den Nagel hat er, nicht aber den Hammer. Der Nachbar hat einen. Also beschließt unser Mann, hinüberzugehen und ihn auszuborgen. Doch da kommt ihm ein Zweifel: Was, wenn der Nachbar mir den Hammer nicht leihen will? Gestern schon grüßte er mich nur so flüchtig. Vielleicht war er in Eile. Aber vielleicht war die Eile nur vorgeschützt, und er hat etwas gegen mich. Und was? Ich habe ihm nichts getan; der bildet sich da etwas ein. Wenn jemand von mir ein Werkzeug borgen wollte, ich gäbe es ihm sofort. Und warum er nicht? Wie kann man einem Mitmenschen einen so einfachen Gefallen abschlagen? Leute wie dieser Kerl vergiften einem das Leben. Und dann bildet er sich noch ein, ich sei auf ihn angewiesen. Bloß weil er einen Hammer hat. Jetzt reicht's mir wirklich. – Und so stürmt er hinüber, läutet, der Nachbar öffnet, doch noch bevor er „Guten Tag“ sagen kann, schreit ihn unser Mann an: „Behalten Sie Ihren Hammer, Sie Rüpel!“

Wir Menschen haben einen Verstand entwickelt, der in der Lage ist, die Zukunft gedanklich zu erfassen. Wir können mit Hilfe unseres so logisch funktionierenden Gehirns alle möglichen Gegebenheiten durchdenken und darauf hinwirken, dass „alles gut gehen“ wird, wir nicht in Situationen kommen, die uns Schwierigkeiten bereiten. Wir können Maschinen konstruieren und wissen meist im Voraus, ob sie funktionieren und wo die Schwachstellen sind. Unsere Fähigkeit vorauszudenken kann dazu führen, dass wir „ein gutes Gefühl“ haben und relativ ruhig leben. Aber, so wie wir die Fähigkeit entwickelt haben, eine für uns angstfreie Welt zu denken, so können wir mit unserem Verstand auch genau das Gegenteil bewirken, wie es unser Mann in der Geschichte mit dem Hammer so trefflich praktiziert hat. Wir haben die Fähigkeit, uns alle möglichen furchtbaren Dinge vorzustellen, die uns in der Zukunft zustoßen könnten; und das sogar, wenn diese Vorstellungen nicht die geringste Beziehung zur Realität haben. Kurz: Unsere Gedanken können uns in einen Zustand der Angst versetzen und darin festhalten. Dieses Phänomen nennt man dann Stress oder, in unserem Fall, „Lampenfieber“!

Wir stressen („lampenfiebern“) uns immer wieder durch unsere Vorstellungen, was von uns alles erwartet wird. So haben wir Angst:

- vor Vorgesetzten, von denen wir vermuten, dass sie uns schaden können;
- vor den vielen Augen, die auf uns gerichtet sind, weil wir glauben, es seien wilde Tiere;
- vor dem Desinteresse der Zuhörer, weil wir vermuten, nicht interessant genug zu sein;
- vor dem Vergleich mit anderen, weil wir glauben, schlechter zu sein;
- uns schlecht auszudrücken, weil wir meinen, dass uns niemand versteht;
- uns zu verhaspeln oder in der Rede stecken zu bleiben, weil man ja perfekt sein muss;
- uns zu blamieren.

Die Liste ist beileibe nicht vollständig. Oft sind es überhöhte Ansprüche an die eigene Leistungsfähigkeit, die sich in dem Ehrgeiz manifestieren, eine hundertprozentige Leistung abliefern zu müssen, weil wir sonst nicht anerkannt werden.

Wie spüren Sie das Lampenfieber?

Nervosität und Angst, die wir in für uns wichtigen Situationen erleben, beeinträchtigen unser Gedächtnis und unsere Konzentration und wirken sich deshalb auf unsere rhetorische und körperliche Ausdrucksfähigkeit hemmend und eventuell auch lähmend aus. Die Angst vor dem Versagen löst eine Stresssituation aus, die sich körperlich auswirkt – bei einem Redner ungefähr so:

- Muskeln, auch die der Stimme, verspannen sich so, dass er fast kein Wort herausbekommt.
- Es wird ihm abwechselnd heiß und kalt.
- Er bekommt keine Luft mehr.
- Er vergisst auf einmal, was er sagen wollte (Blackout nennt man das).
- Es treten Magenbeschwerden, Blähungen und auch Durchfall auf.
- Er muss auf die Toilette, obgleich er doch gerade erst dort gewesen ist.
- Die Knie werden weich.
- Redner, die rauchen, brauchen jetzt unbedingt eine Zigarette.
- Und so weiter, und so weiter ...

Jeder Mensch hat andere Reaktionen auf das Lampenfieber. Wichtig ist es deshalb, dass Sie Ihre ganz persönlichen Reaktionen kennen und sich darauf einstellen können.

> Das menschliche Gehirn beginnt schon im Mutterleib zu arbeiten und setzt erst dann aus – wenn wir eine Rede halten müssen!

2.3 Wie Sie Ihr Lampenfieber abbauen

1. Das Lampenfieber akzeptieren

Die Angst vor dem Reden erwächst nicht eigentlich aus der Redesituation selbst, sondern allein aus den Gedanken und Vorstellungen, die Sie sich darüber machen. Was aber können Sie tun, wenn Sie wieder einmal erkennen, dass Sie Lampenfieber haben, also unter Stress stehen? Der kanadische Stressforscher Hans Selye schlägt in seinem Buch „The Stress of Life“ dafür sechs Schritte vor:

Schritt 1: Anerkennen, dass Stress menschlich ist und ich ein Mensch bin, mit Stärken und Schwächen. Stress ist ein Teil meines Lebens, wie er ein Teil des Lebens aller Menschen ist.

Schritt 2: Herausfinden, welche meine Stressreaktionen sind. Dazu Freunde fragen, die bereit sind, mir ehrlich zu sagen, wie ich reagiere, wenn ich unter Stress stehe. Ich lege mir eine Liste mit für mich typischen „Angriffs- und Fluchtreaktionen“ an und schaue mir diese Liste so oft wie möglich durch.

Schritt 3: Erkennen, dass ich *jetzt* unter Stress stehe. Meine Reaktionen deuten auf Stressverhalten hin. Ich akzeptiere, dass ich unter Stress stehe und erinnere mich daran, dass Stress eine menschliche Reaktion ist, die auch mir zusteht.

Schritt 4: Abstand gewinnen und einige tiefe und bewusste Atemzüge nehmen. Innerlich sehr langsam bis „Zehn“ zählen. Womit beschäftigen sich jetzt meine Gedanken? Welche Ereignisse belasten mich? Welche Konsequenzen erwarte ich?

Schritt 5: Ganz bewusst den Atem intensivieren, tief in den Bauch atmen, vielleicht hinsetzen oder hinlegen und die Frage beantworten: Was könnte schlimmstenfalls passieren, was würde ich nicht „überleben“, wenn das eintritt, womit ich mich jetzt beschäftige?

Schritt 6: Akzeptieren, dass die Situation jetzt so ist, wie sie ist, und nicht so, wie ich sie gerne haben möchte. Der „Gefahr“ ins Auge sehen und einen Plan ausarbeiten, wie Sie die Situation am besten bewältigen können.

2. Körperübungen

Stress ist ein biologischer Vorgang, der sich im Körper des Menschen abspielt. Was also liegt näher, als dem erhöhten Adrenalinhaushalt körperlich näher zu rücken? Es gibt viele gute Übungen, die dazu dienen, den Körper und damit auch die Seele und den Verstand zu beeinflussen, vom Joggen über das Schwimmen bis zum Radfahren, vom Holzhacken bis zum Bergsteigen, vom Kanufahren bis hin zum Tauchen. Bewegung, die uns ermöglichen soll, von der alltäglichen Gedankenwelt loszulassen. Bewegung, um auf andere Gedanken zu kommen. Bewegung aber auch, um den Körper leistungsfähiger zu machen und damit die Stresstoleranz zu erhöhen. Die richtige Ernährung und der verantwortungsvolle Umgang mit Drogen wie Alkohol und Nikotin gehören ebenso hierher wie Meditation, Autogenes Training, Progressive Muskelentspannung und vieles mehr.

3. Bewusst atmen

Wie Sie bereits wissen, werde auch ich nervös und bekomme Lampenfieber. Meist geschieht das unmittelbar vor dem Vortrag, und da kann ich weder Sport treiben noch meditieren. Oft halte ich mich schon im Vortragsraum selbst auf, manchmal sind sogar schon Zuhörer da, und plötzlich ist es da, das Lampenfieber. Ich habe mir angewöhnt, unmittelbar vor dem Vortrag dann bewusste Atemübungen zu machen. Dabei achte ich darauf, dass ich tief ausatme. Das Einatmen geschieht dann ganz von selbst, aber mit dem bewussten Ausatmen sorge ich dafür, dass die verbrauchte Energie aus meinem Körper kommt. Stärkeres Atmen hilft, das überschüssige Adrenalin im Blut abzubauen. Inzwischen ist aus den anfänglich lästigen Übungen ein Ritual geworden, das wie ein hypnotisches Signal auf meinen Körper wirkt. Denn auch mein Körper hat ein instinktives Gedächtnis. Bewusstes, tiefes Ausatmen bedeutet für ihn: „Adrenalinausstoß auf Normalmaß heruntersetzen!“.

4. Gute Vorbereitung

Aber nicht nur Bewegung hilft dem Körper. Wichtig ist auch die richtige Vorbereitung auf einen Vortrag. Wenn ich weiß, dass ich vor dem Vortrag liederlich gearbeitet habe, kein richtiges Konzept habe, dann erhöht dieses Wissen ganz naturgemäß das Lampenfieber. Deshalb: Durch eine gute und – wenn möglich – langfristige Vorbereitung können Sie sich positiv aufbauen und Selbstsicherheit gewinnen. Damit reduzieren Sie das Lampenfieber. Sorgen Sie also dafür, dass Sie:

- sich rechtzeitig vorbereiten und das Thema beherrschen,
- Ihre persönlichen Ziele erreichbar machen,
- nur mit Medien und Hilfsmitteln arbeiten, die Sie kennen und anwenden können,
- sich freundlich auf die Zuhörer einstellen und ihnen sozusagen Ihren Vortrag zum Geschenk machen,
- den „Prüfungsstress“ abbauen und Ihren Vortrag als Chance sehen.

5. Meditation und Autogenes Training

Wie alles kann man auch den Umgang mit Lampenfieber – oder sagen wir doch besser Stress – auf der geistigen Ebene trainieren. Es gibt in allen spirituellen Traditionen Übungen, mit deren Hilfe die Gedanken beruhigt werden. Ich bin mir allerdings bewusst, dass dies in unserem Kulturkreis nicht jedermanns Sache ist. Dennoch möchte ich darauf hinweisen: In der christlichen Tradition sind das Silentium (die Stille) und das Gebet zu nennen, aus dem asiatischen Bereich haben wir den Begriff der Meditation übernommen (Meditation = zur Mitte finden) und wer kennt nicht zumindest dem Begriff nach einige der Entspannungstechniken, die auch bei uns Eingang gefunden haben, wie Autogenes Training, Selbsthypnose, Fantasiereisen, Focussing, Centering, Silva-Mind-Control, Tai Chi, Qi Gong oder Progressive Muskelentspannung?

6. Der Sprung ins kalte Wasser

Alle diese „Techniken" sind schön und gut. Eine ganz banale Erfahrung hat mich vor rund 25 Jahren am weitesten gebracht. Mein damaliger Chef sagte einfach zu mir: „Pack den Stier bei den Hörnern, spätestens nach dem hundertsten Vortrag kannst du das. Du hast doch auch Auto fahren gelernt – oder?" – Das ist es: Was ich regelmäßig trainiere und mache, das kann ich im „Ernstfall" auch souverän beherrschen. Deshalb: Springen Sie in das kalte Wasser! Nehmen Sie jede Gelegenheit wahr zu sprechen. Sei es im Familien- oder Freundeskreis, sei es vor Gruppen. Überspitzt gesagt: Nutzen Sie jede Möglichkeit, sich kräftig „zu blamieren". Denn je öfter Sie üben und Ängste überwinden, desto größer wird Ihr Selbstvertrauen und desto leichter fällt es Ihnen bei der nächsten Gelegenheit, vor Publikum zu sprechen. Fangen Sie mit „kleinen Gelegenheiten" an, Ihr Lampenfieber und Ihre Blamageangst zu verlernen, indem Sie zum Beispiel:

- im privaten Kreis und unter Freunden eine kleine Rede halten, etwa zur Einschulung Ihres Kindes oder zum Geburtstag eines Verwandten oder Bekannten,
- auf Konferenzen und Meetings wo immer möglich das Wort ergreifen,
- im Kollegen- und Mitarbeiterkreis bei passender Gelegenheit Ihr rednerisches Geschick üben.

Zusammenfassung

- Lampenfieber ist ein anderes Wort für Stress oder für Angst. Lampenfieber kann ein Hauptgegner authentischen Redens sein, hat aber auch positive Aspekte, die Sie nutzen sollten.
- Akzeptieren Sie Ihr Lampenfieber. Wenn Sie zugeben, dass Sie Lampenfieber haben, befinden Sie sich durchaus in guter Gesellschaft. Sie wirken so authentisch, ehrlich und glaubwürdig.
- Lampenfieber entsteht immer dann, wenn wir uns von Vorstellungen beeinflussen lassen, wie schlimm denn die Redesituation verlaufen könnte.
- Beobachten Sie, welche konkreten Reaktionen das Lampenfieber bei Ihnen hervorruft und entwickeln Sie Ihr individuelles „Anti-Lampenfieber-Programm".
- Wichtig ist, dass Sie sich entspannen können. Strategien dazu sind:
  - sich das Lampenfieber bewusst machen,
  - Körperübungen und bewusste Atmung,
  - gute Vorbereitung und geistig-mentales Training,
  - Sprung ins kalte Wasser: „Wage es, eine Rede zu halten!"

Individueller Lernweg: „Schreiben Sie eine Rede!"

Bevor ich zum praxisorientierten Teil meines Buches komme – hier ist sie, die „schlechte Musterrede". Diese Rede sollten Sie sich schon einmal in Ruhe durchlesen – im Folgenden geht es darum, dass Sie am jeweiligen Kapitelende feststellen, was der Verfasser dieser Rede so alles falsch gemacht hat, und überlegen, wie Sie es besser machen könnten. Ich schlage vor, dass Sie sich Ihre Gedanken dazu auf einem Blatt Papier oder einem Notizblock notieren. Denn ich werde Sie immer wieder bitten, sich diese Rede vorzunehmen und sie zu bearbeiten. Und im achten Kapitel ist es dann so weit – Sie selbst schreiben eine Rede. Die Notizen mögen Ihnen dann als Anhaltspunkte dienen. Nun aber erst einmal die Rede:

Meine sehr geehrten Mitarbeiterinnen und Mitarbeiter,

nach Durchsicht unserer Quartalsergebnisse muss ich heute mit Ihnen über eine unangenehme Eigenschaft sprechen, die sich in unserem Unternehmen mehr und mehr ausbreitet und die dazu führt, dass ich Befürchtungen hege, dass sie unserer Zielerreichung für das laufende Geschäftsjahr negativ entgegensteht. Ich spreche davon und betone dabei, dass ich diesen Zustand nicht länger dulden werde, von der steigenden Verantwortungslosigkeit, wenn es um Projekte und -abwicklungen in unserer Firma geht. Ich kann und will dauernde Terminverschiebungen nicht mehr akzeptieren, die zu Penalen führen, deren Sinnigkeit mir bislang verschlossen geblieben ist.

Einerseits haben Sie in der Vergangenheit immer wieder nach mehr Verantwortung geschrieen. Bei jedem Gehaltsgespräch hat man mir vorgehalten, man würde in diesem Unternehmen mit zu wenig Kompetenzen ausgestattet. Jetzt hat man sich entschieden, dem alten Zustand ein neues Gesicht zu geben, aber man muss doch feststellen, dass die Personen, die es hier betrifft, mit dem, was sie selbst gewollt haben, nicht umgehen können. Wir vom Management fordern Sie deshalb zu erhöhter Leistungsbereitschaft auf, dazu, dass Sie die Zusammenarbeit intensivieren, jeder in seinem Bereich dafür sorgt, dass die Zahlen stimmen, damit man nicht am Ende des Geschäftsjahres zu der Feststellung kommt, dass Ihnen in der Erledigung der Ihnen übertragenen Aufgaben ein Versagen nachzuweisen ist.

Man hat mir zugetragen, dass die Leute in unserem Unternehmen darüber Klage führen, dass es vor allem mit der Kommunikation unter den Bereichen zu größeren Ausfällen kommen soll. Wenn das stimmen sollte, dann rufe ich Ihnen zu: „Meine Güte noch einmal, so reden Sie miteinander!“, das kann doch nicht so schwer sein. Unter vernünftigen Menschen ist ein rationaler Austausch von Informationen doch das einfachste der Welt.

Jetzt gehen Sie wieder an Ihre Arbeit, Zeit ist Geld! Und tun Sie was, damit vor allem die wirtschaftlichen Ziele unseres Unternehmens gesichert sind. Ich danke Ihnen für Ihre Aufmerksamkeit!

3. Botschaft, Ziel und Verständlichkeit

Was Sie in diesem Kapitel erwartet

Ihre Einstellung stimmt, Ihr Lampenfieber haben Sie im Griff, die Blamageangst haben andere, aber nicht Sie. Das Fundament, auf dem Sie Ihre Rede oder Ihren Vortrag aufbauen können, ist gelegt. Nun geht es um die Rede selbst. Sie haben Ihrem Publikum etwas mitzuteilen, und nun müssen Sie dafür sorgen, dass nicht nur Ihnen der Köder schmeckt, sondern vor allem dem Fisch, nämlich den Zuhörern. Aber allzu viele Redner sind von ihrem Vortrag und ihrem Text nahezu berauscht – und vergessen darüber die elementarsten Grundsätze, die Redner und Rede zu erfüllen haben: klar und verständlich sprechen, deutliche Zielorientierung und Zielformulierung setzen und eine emotionale Botschaft transportieren.

3.1 Die Zuhörer mit auf die Reise nehmen

Wer als Reiseleiter eine Reise mit einer Gruppe von Menschen antritt, sollte wissen, wohin die Reise geht! Es ist Aufgabe des Reiseleiters, diejenigen Orte und Sehenswürdigkeiten herauszufinden, die die Reise für die Reisenden zu einem Erlebnis machen, von dem sie noch lange zehren. Wer das kann, dem folgen die Reisenden gern. Ähnliches gilt, wenn ich eine Rede, einen Vortrag oder eine Präsentation halte. Im übertragenen Sinne bin ich – der Redner – der Reiseleiter. Meine Zuhörer sind die Mitreisenden. Ich muss wissen, wohin ich sie führe und was die Mitreisenden von ihrer Reise mitnehmen können. So ist es bei einer Rede auch: Ich muss wissen, was ich mit meiner Rede erreichen will, welche neuen Informationen die Menschen aus meiner Rede mitnehmen, wovon sie zehren können und worüber sie nachdenken sollen. Dann ist es meine Aufgabe, sie zum Zuhören und zum Mitreisen zu bewegen. Dabei sollte ich drei Punkte beachten:

- Die Rede muss verständlich sein; dies ist der sprechtechnische Aspekt der Rede.
- Die Rede – oder besser: ich als Redner – muss ein klares Ziel verfolgen; dies ist der rationale Aspekt der Rede.
- Die Rede muss eine Botschaft enthalten; dies ist der emotionale Aspekt der Rede.

Bei allen drei Aspekten gilt, dass die Zielgruppe, an die ich meine Rede richte, so deutlich umrissen und definiert sein muss wie nur irgend möglich. Dass sich ein Redner bei der Redevorbereitung Gedanken zu seinen Zuhörern macht, sollte eigentlich selbstverständlich sein. Aber ich habe immer wieder die Erfahrung gemacht, dass dies oft nicht der Fall ist. Der Redner steckt so tief in seinem Thema, dass er vor lauter Bäumen den Wald nicht sieht und ihm die Zielgruppe vollkommen aus dem Blickfeld gerät. Ich selbst stelle mir bezüglich der Zielgruppe bei der Redevorbereitung immer drei Fragen:

- Wer sind sie? Sind es Hausfrauen, Professoren, Praktiker oder Theoretiker?
- Was können sie? Welches Vorwissen zu meinem Thema haben die Zuhörer?
- Was wollen sie? Welche Erwartungen setzen sie in meinen Vortrag? Was erhoffen sie sich von mir und meiner Rede? Warum also kommen sie zu meinem Vortrag?

Um diese drei Fragen angemessen beantworten zu können, beschaffe ich mir möglichst viele Informationen über das Publikum. Manchmal kann mich der Veranstalter – oder um im Bild zu bleiben: das Reisebüro, das die Zuhörer eingeladen hat – mit diesen Informationen versorgen. Oft hilft eine Gästeliste weiter, in der zum Beispiel die Unternehmen aufgeführt sind, für die die Zuhörer arbeiten. Und natürlich lässt auch der Anlass der Veranstaltung Rückschlüsse auf die Zusammensetzung des Auditoriums zu. Ich versuche dann, mich in die Wirklichkeit der Menschen zu versetzen, die mir zuhören werden, und in deren Rollen zu schlüpfen. Das tue ich, indem ich mir vor Augen halte, was ich wohl gerne hören würde, wenn ich im Auditorium säße. Diese kleine Fantasiereise bringt manchmal erstaunliche Ergebnisse. Übrigens halte ich es für wichtig, den Redetext, wenn er fertig ist, mit Hilfe dieser drei grundsätzlichen Fragen noch einmal unter die kritische Lupe zu nehmen, und mich zu fragen, ob ich die Zielgruppe ausreichend berücksichtigt habe.

Wenn Sie Ihre Zielgruppe genau kennen, können Sie die Punkte Verständlichkeit, Ziel und Botschaft ins Auge fassen. Den sprachtechnischen Aspekt habe ich bereits weiter oben im ersten Kapitel angesprochen. Sprechen Sie klar, deutlich und verständlich! Und bedenken Sie, dass Ihre konkrete Wortwahl natürlich immer abhängig ist von den Menschen, die Ihnen zuhören, von ihren Erwartungen und ihrem Vorwissen. Wählen Sie Begriffe, Bilder und Formulierungen, mit denen die Zuhörer etwas anfangen können. Bei dem einen Publikum drücken Sie sich mehr umgangssprachlich, bei dem anderen etwas „bildungsbürgerlicher“ aus. Vor allen Dingen sollten Sie Ihre Zuhörer ernst nehmen – und oft ist auch der Professor froh, wenn ihm ein Thema, mit dem er sich nicht so gut auskennt, in verständlicher Sprache nahe gebracht wird. Gerade dann, wenn Ihnen nicht so viele Informationen zum Publikum vorliegen, ist es geschickt, sich folgenden Leitsatz auf die Fahnen zu schreiben: „Rede und spreche so, dass der fünfzehnjährige Auszubildende Dich versteht, sich aber der Universitätsprofessor nicht veralbert fühlt!“. Dann geht es Ihnen vielleicht nicht so wie dem Philosophen Georg Wilhelm Friedrich Hegel. Der wurde – und wohl nicht zu Unrecht – als nur allzu schwer verständlicher Philosoph bezeichnet. Heinrich Heine schrieb einmal über ihn: „Als Hegel auf dem Totenbette lag, sagte er: ‚Nur einer hat mich verstanden’, aber gleich darauf fügte er verdrießlich hinzu: ‚Und der hat mich auch nicht verstanden.’“

In meinen Rhetoriktrainings fragen mich die Teilnehmer oft, welche Stilfibel ich ihnen denn empfehlen könne. Nun halte ich nicht allzu viel davon, solche Werke zu nutzen – zu groß ist die Gefahr, dass dann ihr authentischer Redestil verloren geht. Was ich ihnen aber immer mit auf den Weg gebe:

> Vermeiden Sie jedes gestelzte Diplomaten- und Schriftdeutsch, vermeiden Sie Fremdwörter, formulieren Sie im Aktiv, bevorzugen Sie Tätigkeitswörter, bilden Sie eher kurze als lange Sätze, verwenden Sie anschauliche Bilder – und: der Wechsel macht's! Und wer unbedingt einen Literaturtipp haben will: Lesen Sie Wolf Schneiders ausgezeichnetes Buch: „Deutsch für Kenner"!

Ein guter Reiseleiter fragt sich: Was soll sich für meine Reisenden nach der Reise ändern? Übertragen auf unser Thema lautet die Frage: „Was ist nach der Rede anders bei dem Publikum? Welches Ziel also will ich in dieser Hinsicht erreichen?" Diese Frage richtet sich an den Verstand, ist also rational zu beantworten, das heißt: Die Zielformulierung muss rational nachvollziehbar sein. Hier geht es nicht um Visionen, Träume oder emotionale Botschaften – dazu gleich mehr –, sondern um punktgenaue und nachvollziehbare Zielsetzungen. Dazu ein Beispiel: Die „Ziele": *„Ich möchte durch meine Ausführungen das Publikum über die neusten Motivationstechniken informieren!"* oder *„Ich halte die Rede, um möglichst viel Zustimmung, Applaus und Beifall zu erhalten und um meine Zuhörer zu begeistern!"* sind keine Zielsetzungen. Wenn Sie sich aber vornehmen, dass die Menschen nach Ihrem Vortrag über Zeitmanagement nach Hause gehen und dort dann damit beginnen, sich die unerledigten Arbeiten aufzulisten und mit Hilfe der von Ihnen vorgeschlagenen Strategien abzuarbeiten: dann haben Sie Ihr Ziel erreicht! Die Aussage Ihres Publikums: „Der Redner hat mich überzeugt, morgen werde ich dies oder jenes ändern und in die Tat umsetzen" ist Ihr Erfolgsnachweis. Ich möchte es noch etwas deutlicher formulieren: Angenommen, Sie sprechen vor den Verkäufern und Leitern der Verkaufsabteilung eines Unternehmens. Die

Verkäufer stehen vor der Aufgabe, demnächst beim Kunden ein neues Produkt zu präsentieren. Dazu sollen sie eine neue Präsentationstechnik kennen lernen. Ihre Zielformulierung könnte nun folgendermaßen aussehen: „Die Verkäufer kennen die Grundlagen der neuen Präsentationstechnik und sind bereit, diese zu erproben.“ Sie sehen: Die rationale Zielsetzung verschafft Ihnen Zielklarheit, gibt Ihnen eine konkrete Möglichkeit an die Hand, den Erfolg Ihrer Rede zu überprüfen und sorgt auch – natürlich unausgesprochen – bei Ihren Zuhörern für Zielklarheit. Ein Ziel wird immer im Indikativ formuliert – so als sei es schon tatsächlich erreicht. So „befehlen“ Sie sich, das Ziel auch tatsächlich erreichen zu wollen.

3.2 Keine Rede ohne Botschaft

Während sich das Ziel an den Verstand wendet, berührt die Botschaft den emotionalen Aspekt der Rede. Während das Ziel sachlich formuliert ist, spricht die Botschaft die Gefühle der Zuhörer an. Lautet die Zielsetzung wie oben: „Die Verkäufer kennen die Grundlagen der neuen Präsentationstechnik und sind bereit, diese zu erproben“, dann drückt die Botschaft aus: „Und jetzt, meine Damen und Herren, packen wir es an. Und wenn es geschafft ist, können wir alle miteinander stolz auf uns sein und auf das, was wir erreicht haben!“ Was man bei einer Reise das Reiseziel nennt, das nennt man bei einer Rede die „Botschaft“. Eine Rede ohne Botschaft ist wie eine Reise ohne Ziel. Deshalb halte ich es für unverzichtbar, dass ich mir Gedanken über meine Botschaft mache. Eine Botschaft ist die Kernaussage meiner Reden (und sogar die Kernaussage meiner Trainings) und dieses Buches.

Die Botschaft ist das, was sich die Zuhörer merken sollen. Die Botschaft ist das, was als Überschrift über einem Zeitungsartikel steht, den ein Journalist schreiben würde, der die Rede gehört hat! Bevor ich beginne, eine Rede zu konzipieren, verwende ich viel Zeit darauf, diese Botschaft zu formulieren. Ich konzentriere dabei das, was ich sagen will, in eine knappe Aussage – in einen einzigen Satz.

Vielen Menschen fällt das schwer, denn nun heißt es, sich festlegen und das Wichtige vom Unwichtigen trennen. Auch wenn es für Sie zunächst ungewohnt erscheint: Wichtig ist nur das, was für den Empfänger Ihrer Botschaft verständlich ist und nicht das, von dem Sie hoffen, dass er es verstehen möge! Oft ist der Zeitaufwand, der für das Formulieren einer Botschaft aufzuwenden ist, viel umfangreicher als die Zeit, die ich für das Formulieren einer Rede benötige. Manche Redner werden nervös, weil sie „noch nichts auf dem Papier" haben, und sie verzichten darauf, ihre Botschaft sorgfältig zu formulieren, und schreiben dann einfach „drauf los". Unvermeidliches Ergebnis: Die Rede, die dabei herauskommt, ist meistens flau, langatmig, ohne „roten Faden" und ohne nachhaltige Wirkung.

Also: Die Zeit, die Sie für das Formulieren der Botschaft aufwenden, ist notwendig, wenn Sie nicht Gefahr laufen wollen, ziellos Ihr Publikum zu irritieren. Ich habe mir angewöhnt, den Satz mit der Botschaft aufzuschreiben und ihn, wenn ich meine Rede konzipiere, vor mir sichtbar auf den Tisch zu legen, damit mein Blick sich immer wieder darauf richtet. Fällt Ihnen keine klare Botschaft ein, fragen Sie nach! Suchen Sie das Gespräch mit Menschen, die von der Sache möglichst wenig verstehen, meiden Sie Experten – die denken meistens viel zu kompliziert! Finden Sie keine klare Kernaussage, dann überlegen Sie, ob Sie besser auf die Rede verzichten. Sie ersparen sich wahrscheinlich eine Blamage.

Zum Thema „Nachfragen, bis das Thema klar ist" sage ich meinen Seminarteilnehmern zu ihren Befürchtungen: „Wie kann ich denn zu einem Thema, zu dem ich eine Rede halten will und bei dem ich mich doch gut auskennen sollte, Fragen stellen?" immer: Fragen ist keine Schande. Es gibt keine dummen Fragen, nur dumme Antworten. Wer klug fragt, erweist sich als weise. Die Neugierde, die sich auf ernsthafte Dinge richtet, heißt „Wissensdrang". „Der Wissende weiß und erkundigt sich, aber der Unwissende weiß nicht einmal, wonach er sich erkundigen soll", lautet ein indisches Sprichwort.

Wenn Sie daran gehen, Ihre Botschaft zu formulieren, dann denken Sie an das Sprichwort: *„Der Köder muss dem Fisch schmecken, nicht dem Angler“*. Es besagt etwa Folgendes: Es ist weder wichtig, was Sie als Redner wollen, noch welche extra tollen Medien Sie einsetzen. Es ist nur wichtig, dass Sie für die Zuhörer eine Botschaft haben, bei der sie „anbeißen“!

Eine Botschaft berücksichtigt also im Wesentlichen vier Aspekte, die ich mit den Überlegungen vergleichen will, mit denen ein Reiseleiter seine Reise vorbereitet: Der Reiseleiter muss wissen,

- wer mitfährt (Kinder, Heranwachsende, ältere Menschen) und welche soziale Stellung die Teilnehmer einnehmen,
- aus welchem Anlass die Reise gemacht wird (Sport, Bildung, Urlaub, Verwandtenbesuch),
- welche Beziehung zwischen Reiseleiter und Reisenden besteht (Unbekannte, Freunde, Verwandte, Männer, Frauen),
- was er gerne vom Urlaubsgebiet zeigen möchte und ob das für die Reisenden interessant ist, wie also der genaue Verlauf der Reise ausschaut.

Bei der Formulierung der Botschaft müssen alle vier Aspekte berücksichtigt werden. Nehmen wir einmal an, Sie hätten die Aufgabe, im Auftrag der Geschäftsleitung das Jahresergebnis Ihres Bereiches vorzustellen. Vor den Mitarbeitern hört sich die Botschaft anders an als vor der Geschäftsleitung, obgleich es um dasselbe geht. Denn die Botschaft für die Mitarbeiter lautet vielleicht: „Die Arbeitsplätze bleiben sicher!“ Die Botschaft für die Geschäftsführung hingegen könnte sich so anhören: „Ihr Vertrauen in unseren Bereich hat sich ausgezahlt!“. Sie sehen: Auch bei der Formulierung der Botschaft sind wir wieder bei der klaren Zielgruppenbestimmung und der Frage gelandet, wen genau Sie mit Ihrer Rede ansprechen.

Auch der Redeanlass beeinflusst die Botschaft: Auf einer Betriebsversammlung erwartet das Publikum zum Beispiel ganz andere Aussagen (etwa: „Wir werden die Krise meistern!“) als bei einem Jubiläumsfest (also: „Wir haben es 50 Jahre lang gut gemacht!“) oder einer Einweihung (zum Beispiel: „Unsere Position am Markt wird durch die neue Anlage noch besser!“). Und zudem ist die gesellschaftliche Position des Redners zu beachten: Der Vorstandsvorsitzende wird den Mitarbeitern des Betriebes etwas anderes sagen (seine Botschaft kann heißen: „Wir haben uns gegen harte Konkurrenz am Markt behauptet!“) als der Betriebsratsvorsitzende (dessen Botschaft sein kann: „Weil wir Arbeitnehmer solidarisch sind, steht der Betrieb gut da!“).

In meinen Trainings erkundigen sich viele Teilnehmer danach, wie sie denn eine Rede halten sollen, wenn eine in der Firmenhierarchie höher gestellte Persönlichkeit anwesend ist. Hinter der Frage verbirgt sich oft die Furcht, dass diejenige Botschaft, die für – zum Beispiel – Ingenieure durchaus passend ist, für diese Person nicht geeignet zu sein scheint. Mein Tipp: Ich verlasse mich einfach auf mich und darauf, was ich zu sagen habe. Ist es interessant, werde ich auch „den da oben“ überzeugen können. Habe ich nichts zu sagen, dann wird es auch für den Rest des Publikums langweilig. Schwierig wird es nämlich eigentlich erst dann, wenn ich zwischen den beiden Polen schwanke und deshalb keine klare Botschaft senden kann. Bleibt also noch der vierte Aspekt oder die letzte Überlegung unseres Reiseleiters – also die sachliche Einschätzung des Redethemas durch den Sprecher. Schätzt er die Aussichten des Unternehmens positiv ein, mag die Botschaft lauten: „Es geht wieder bergauf mit uns“; sieht er sie negativ, kann sie heißen: „Wir müssen uns auf schlechtes Wetter vorbereiten“.

Ändert sich nur einer der Aspekte, wird sich auch die Botschaft ändern. Aber selbst wenn alles unverändert bleibt, kann sich bei wiederholtem Redeanlass die über die Botschaft transportierte Aussage verschieben. Dazu ein paar Beispiele:

Wenn ein Chef vor den Betriebsangehörigen anlässlich einer Betriebsversammlung spricht und die Entwicklung des Unternehmens – wie im Vorjahr – positiv einschätzt, das gute Ergebnis aber einmal mit der Qualität der geleisteten Arbeit, das andere Mal mit guter Konjunktur begründet, dann kann die:

- eine Botschaft heißen: „Wir waren besser als die Konkurrenz" (hier steht die Qualität der Arbeit im Mittelpunkt).
- die andere: „Es ging überall bergauf, auch bei uns" (die konjunkturelle Entwicklung wird nach vorne geschoben).

Die Botschaft ist so wichtig für das Gelingen Ihrer Rede, dass Sie unbedingt der Versuchung widerstehen sollten, sie dann doch auf die Schnelle zu formulieren. Lassen Sie sich Zeit. Prüfen Sie in Gesprächen mit Freunden und potenziellen Zuhörern, ob sie die Botschaft verstehen. „Aber das ist der Idealfall", mögen Sie einwenden. „Normalerweise fehlt mir die Zeit, mich so gründlich vorzubereiten." Aber bedenken Sie: Es ist gerade der Zeitdruck, der Ihnen weiterhilft. Denn der Zeitdruck führt dazu, dass Sie sich auf die Botschaft konzentrieren müssen. Und durch die Konzentration auf die Botschaft werden Sie „gezwungen", alle Fakten und Argumente in einen Bezug zur Botschaft zu setzen. So bannen Sie die Gefahr, sich zu widersprechen, und die Rede ordnet sich – so wie sich Eisenspäne im Spannungsfeld eines Magneten ausrichten.

Der Erfolg einer Rede wird landläufig an der Stärke des Applauses gemessen; ob sie vom Publikum in Ihrem Sinne aufgenommen wurde, ist so allerdings nicht zu ermitteln. Inwieweit Ihre Botschaft richtig angekommen ist, das erfahren Sie nur, wenn Sie einzelne Zuhörer bitten, in einem einzigen Satz zu wiederholen, was sie verstanden haben. Je näher diese Aussage bei dem liegt, was Sie als Botschaft beabsichtigt haben, und je größer die Anzahl derer ist, die gehört haben, was Sie sagen wollten, desto besser ist die Rede verstanden worden. Umgekehrt mag mit der Größe der Streuungsbreite die Festigkeit Ihres Entschlusses wachsen, es das nächste Mal besser zu machen.

Zusammenfassung

- Botschaft, Ziel und Verständlichkeit – dies sind die drei Aspekte, die ein Redner, der sein Publikum ernst nimmt und ihm einen Nutzen stiften will, zu beachten hat:

- Der sprechtechnische Aspekt der Rede bedeutet, dass Sie als Redner für die Verständlichkeit Ihres Vortrages verantwortlich sind.
- Sie müssen ein klares Ziel bestimmen, welches so deutlich, eindeutig und rational nachvollziehbar formuliert ist, dass der Erfolg der Rede an der Erreichung dieses Ziels gemessen werden kann.
- Jede Rede muss eine Botschaft enthalten. Die Botschaft ist ein Appell, der sich an die Gefühle der Zuhörer richtet, eine Gruppe emotional zusammenschweißt und zusammenrücken lässt.

➢ Alle diese Punkte sind wichtig – aber der bedeutendste ist die Botschaft. Verwenden Sie also ganz besonders viel Mühe, Aufmerksamkeit und Zeit auf die Formulierung der Botschaft, die sich dann wie ein roter Faden durch die gesamte Rede zieht.

➢ Die konkrete Ausformulierung des Ziels und der Botschaft sowie die Frage, welchen Redestil und welche Wörter Sie verwenden, sind immer im Kontext der Zielgruppe – also des Publikums –, des Redeanlasses und des Redethemas zu sehen.

Individueller Lernweg: „Schreiben Sie eine Rede!“

Nehmen Sie sich nun die „schlechte Musterrede“ vor (siehe S. 60):

1. Welche Fehler unterlaufen dem Redner?
2. Was hätten Sie anders gemacht?

Beachten Sie dabei die Punkte:

➢ An welche Zielgruppe wendet sich der Redner? Spricht er Sie angemessen an?

➢ Wie lautet seine Botschaft? Ist diese Botschaft zuhörerorientiert?

➢ Wie sieht es mit der Verständlichkeit der Rede aus?

4. Die Dramaturgie – Aufmacher, Zwischenreize, Redeschluss

Was Sie in diesem Kapitel erwartet

Langweilig zu sein ist der wohl schlimmste Vorwurf, den man einem Redner machen kann. Darum sollten Sie bei der Konzeption einer Rede oder eines Vortrages bestimmte dramaturgische Regeln berücksichtigen, die ich Ihnen in diesem Kapitel vorstellen möchte. Wichtig ist es, an bestimmten Stellen Reize zu setzen, die das Interesse und die Aufmerksamkeit der Zuhörer wecken und aufrecht erhalten. Besondere Bedeutung kommt dabei dem Beginn und dem Schluss der Rede zu. Grundsätzlich aber gilt, dass Sie auch während der Rede immer wieder Zwischenreize setzen sollten, um sich die Aufmerksamkeit des Publikums zu sichern. Dazu gibt es zahlreiche Möglichkeiten.

4.1 Die Dramaturgie von Vorträgen

Rhetorik ist die Kunst, Menschen zum Zuhören zu bewegen! – Eine Rede ist wie ein Krimi. Beim Krimi erzeugt die Dramaturgie die Spannung. Ähnlich ist es bei einer Rede. Spannung erzeugen, Spannung halten, spannend vortragen ist leichter möglich, wenn Sie sich an die Regeln der Dramaturgie halten, die ich in der Abbildung auf S. 72 verdeutlichen will.

Vor allem kommt es darauf an, die vier wichtigsten Dramaturgiepunkte zu beachten, die letztendlich zu einer spannungsgeladenen Rede führen, die die Menschen fesselt und sie zum Zuhören bewegt. Es handelt sich um:

- Anfangsreiz/Aufmacher,
- Verstärkungsreiz/Ziel,
- Ausstiegsreiz/Summary,
- Schlussreiz, Botschaft, Reprise.

Gelingt es Ihnen, in Ihrem Vortrag diese strategisch wichtigen Punkte mit den entsprechenden Inhalten zu versehen und mit aller Ihnen zur Verfügung stehenden Überzeugungskraft und Authentizität „rüber zu bringen“, können Sie davon ausgehen, dass Sie Ihre Zuhörer

- erstens zum Zuhören bewegen und
- zweitens „bei der Stange“ halten!

Die Dramaturgie der Spannung

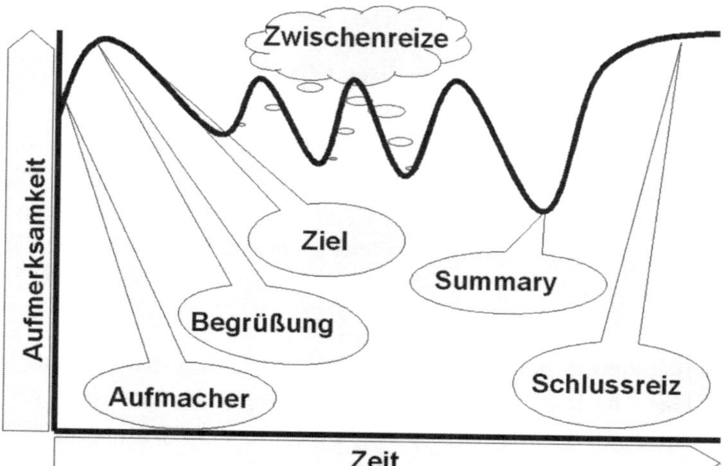

4.2 Die vier Zielpunkte einer spannenden Rede

1. Der Aufmacher – der erste Eindruck entscheidet

Zeitungen machen mit einer Schlagzeile auf, Nachrichtensender mit einem Text, der die Zuhörer neugierig stimmen und dazu veranlassen soll, in den Haupttext „einzusteigen". Man kann von der Bild-Zeitung denken, was man will – die Kunst der Aufmerksamkeit erregenden Aufmacher beherrscht sie hervorragend! Diese Technik sollten Sie für sich nutzen, denn gleich zu Beginn eines Vortrages entscheidet es sich, ob die Zuhörer Ihnen folgen wollen – oder ob sie abschalten.

Für gewöhnlich ist am Anfang die Bereitschaft zuzuhören recht groß. Allein die Tatsache, dass Sie auftreten, hilft Ihnen – übrigens auch dann, wenn Sie der fünfte Redner in einer Reihe von Rednern sind. Sie können also zu Beginn Ihrer Rede damit rechnen, dass Ihre Zuhörer bereit sind, Ihnen aufmerksam zuzuhören. In den ersten 30 Sekunden kommt es dann entscheidend darauf an, diese Bereitschaft der Zuhörer zu rechtfertigen. Achten Sie deshalb darauf, dass Ihre Zuhörer gleich zu Beginn aufhorchen und den Eindruck gewinnen: „Achtung, es lohnt sich zuzuhören!".

Gerade für den Aufmacher gibt es zahlreiche Möglichkeiten, von denen ich Ihnen einige nennen möchte. Da ist zum Beispiel das Zitat oder der Reim. Zitate würzen natürlich auch an anderen Stellen den Vortrag, eignen sich aber auch sehr gut für den Aufmacher. Sie sollten aber immer einen direkten Bezug zum Redethema aufweisen. Beliebt ist auch die Variante, den Aufmacher zu komponieren. Ein Geschäftsführer eröffnete einmal seinen Vortrag mit folgendem Reim, nachdem die Geschäftszahlen viel besser ausgesehen hatten, als vorangegangene Presseberichte es erwarten ließen: „Schnallt Euch an / die Luft wird enger / Totgesagte leben länger! – Liebe Mitarbeiterinnen und Mitarbeiter ..."

Ein schöner Aufmacher lässt sich durch die Anknüpfung an historische Ereignisse erreichen. So benutzte der Inhaber eines Technologieunternehmens als Aufmacher für seine Rede anlässlich der Jubiläumsveranstaltung zum 25. Jahrestag der Gründung seines Unternehmens den „historischen Rückblick“: „Als vor genau fünfundzwanzig Jahren mein Vater, der Gründer unseres Hauses, an genau diesem Platz stand, ahnte noch keiner, was aus diesem Unternehmen werden sollte. Vater aber hatte eine Vision, die ihn trieb, die Vision, der erste in seiner Branche zu sein ... – Guten Tag, liebe Festgemeinde!“

Auch der „aktuelle Bezug“ gestattet es, die Aufmerksamkeit des Publikums sofort in Beschlag zu nehmen. Ein Vertriebsvorstand berichtete über aktuelle Werbemaßnahmen und wählte diesen Einstieg: „Ich weiß nicht, wie es Ihnen geht, aber mich haben die Bilder, die ich gestern in der Tagesschau über die Zustände im ehemaligen Jugoslawien gesehen habe, tief erschüttert! Manchmal frage ich mich, wie sicher wir uns hier fühlen können. Und heute Nacht habe ich mich angesichts dieser Bilder gefragt, wie ich Ihnen unsere neue Werbekampagne glaubwürdig rüberbringen kann. Dennoch: Ich will es versuchen ...“

Eine Spielart dazu stellt das „persönliche Erlebnis“ dar. Ein Abteilungsleiter begann seine Rede, in der er ein neues Produkt, auf dem viele Hoffnungen lagen und das sich jedoch als „Flop“ herausstellte, mit diesen Worten: „In meinem letzten Urlaub durfte ich meine Wiedergeburt feiern – und das kam so: Ich fuhr auf einer belebten Hauptstraße, als mir ein von links kommender Lastwagen die Vorfahrt nahm ... Wie oft, meine lieben Kolleginnen und Kollegen, stehen wir vor unverhofften Herausforderungen ...“

„Besser ein Ende mit Schrecken, als ein Schrecken ohne Ende“ – dies ist das Motto desjenigen Aufmachers, mit dem der Redner die „Provokation“ oder die „schockierende Eröffnung“ nutzt. Mit folgenden Worten leitete der Betriebsratsvorsitzende eine Betriebsversammlung ein, an deren Ende eine von den Mitarbeitern initiierte Neustrukturierung der Gießerei stand: „Die Zahlen sind übel, wir werden die Gießerei schließen müssen. – Guten Tag! Noch ist nicht aller Tage Abend, aber die Dämmerung naht. Es ist Zeit, dass wir uns über Realitäten unterhalten ..." – Als Spielarten dieser Eröffnung dient die „verblüffende These" zu Beginn der Rede oder auch die „antithetische Argumentation".

Ähnlich verhält es sich mit der „Contra-Einleitung", die aber nur für geübte Redner geeignet ist, können seitens der Zuhörer doch erhebliche Widerstände die Folge sein. Zu diesem Aufmacher griff der IT-Leiter eines Unternehmens, das zwar einen erfolgreichen Markteintritt hingelegt, es aber nicht geschafft hatte, die EDV zusammenzuführen: „Es gibt unbestreitbar Nachteile – aber lohnt es sich nicht doch, das Thema einer Vernetzung unserer Betriebe näher zu betrachten?"

Und was halten Sie von dem akustischen Knall-Effekt, den ein Geschäftsführer zu Beginn seiner Rede auf einer Jahresabschlussveranstaltung nutzte, um das Publikum zu einem aufmerksamen Auditorium zu machen: „100.000 Aufträge sind im letzten Jahr eingegangen, unser Ergebnis ist hervorragend." (laut gesprochen / Sektkorken knallt) „Lasst uns feiern, liebe Mitarbeiterinnen und Mitarbeiter ..."

Zu guter Letzt führe ich den „Appetitanreger" an – dies sind Inhaltsangaben, die das Ziel des Vortrags vorwegnehmen, ohne das Ergebnis gleich zu nennen. Auf einer Veranstaltung für „Besserverdienende" startete ein Investmentberater seine Rede so: „Sie wollen mehr aus Ihren Investitionen rausholen? Sie wollen weniger Steuern zahlen? Sie denken daran, sich eine finanzielle Reserve zu schaffen? Wenn Sie diese Fragen mit einem Ja beantworten, dann sind Sie hier richtig. – Guten Tag meine Damen und Herren ..."

> Gleich, welchen Aufmacher Sie wählen: Immer sollte er auf Ihr Publikum und das Redethema genauestens abgestimmt sein. Das gilt auch für alle weiteren „Reize", von denen Sie nun lesen.

Erst nach dem „Aufmacher" gehen Sie zu den Förmlichkeiten über, die natürlich auch in eine Einleitung gehören. Begrüßen Sie Ihr Publikum und nennen Sie das Thema, worüber Sie sprechen wollen.

2. Der Verstärker – das Ziel des Vortrages

Menschen brauchen eine gewisse Sicherheit – auch bei dem, was sie erwartet. Deshalb ist der zweite wichtige Punkt, den es zu treffen gilt, gleich nach der Begrüßung des Publikums angesiedelt – vielleicht sogar mit einer geschickten Begrüßung verknüpft. So wird Ihr Publikum über gewisse „Förmlichkeiten“, bei denen es sich kaum vermeiden lässt, die eine oder andere formelhafte Formulierung zu verwenden, leichter hinwegsehen können.

Also: Nach dem Aufmacher heißt es, das Ziel zu nennen, dem Publikum mitzuteilen, was es erwartet, was Sie vorhaben und mit welchem „Mehr-Wert“ die Menschen rechnen können, wenn sie Ihrem Vortrag zuhören. Bei längeren Vorträgen kann es auch sinnvoll sein, Teilziele zu definieren – manche sagen auch „Gliederung“ dazu.

Meine Erfahrung aus meinen Rhetorik-Seminaren, in denen die Teilnehmer Reden vortragen müssen, besagt, dass die Aufmerksamkeit und Zuhörbereitschaft während eines Vortrages immer mehr abnimmt. Frederic Vester stellt in seinem Buch „Denken, Lernen und Vergessen“ fest: „Nach 20 Minuten Vortragszeit liegt der Grad der Aufnahmefähigkeit noch bei ca. 10 %“. Im Grunde genommen sind lange Vorträge deshalb also ziemlich sinnlos. Nun gibt es aber einen dramaturgischen Trick, die Aufmerksamkeit der Zuhörer wieder zu steigern, ja diese Aufmerksamkeit fast wieder auf das Ausgangsniveau zu heben. Dieser „Trick“ wirkt wie eine Zauberformel. Und er geht folgendermaßen:

3. Der Ausstiegsreiz, das Summary: die Zusammenfassung vor dem Schluss

Nachdem Sie alles gesagt haben, was zu sagen war, machen Sie eine angemessen lange Pause. Nutzen Sie diese Pause dafür, sich zu vergewissern, dass Sie alles gesagt haben. Gute Einleitungen für einen Schluss könnten sein:

- „Bevor ich zum Ende komme, lassen Sie mich noch einmal zusammenfassen ...!“
- „Zusammenfassend möchte ich noch einmal auf meine wichtigsten Gedanken hinweisen ... !“
- „Bestimmt erwarten Sie jetzt eine Zusammenfassung von mir. Und ich will Sie da auch nicht enttäuschen ...!“

Der Kreativität sind keine Grenzen gesetzt, aber: Den Einleitungssatz für den Ausstiegsreiz gilt es laut und vor allem deutlich zu sprechen! Sie werden sehen, wie dieser Satz wirkt! Plötzlich haben Sie alle Zuhörer wieder mit im Boot, vielleicht sogar den einen oder anderen „geweckt“! Das liegt daran, dass niemand etwas verpassen will. Der Satz wirkt genauso, als wenn ein Wirt in der Kneipe ausruft: „Letzte Bestellungen bitte ...!“ Nun haben Sie die Chance, alles das, was Ihnen wichtig ist, in Kurzform klar und deutlich zu sagen! Aber Achtung: Der „Ausstiegsreiz“ darf nicht mehr Zeit in Anspruch nehmen als 10 Prozent der gesamten Vortragslänge!

Was Sie am Ende sagen, bleibt am besten hängen. Deshalb gehört das Wichtigste, Ihr Anliegen, immer an den Schluss! Wenn Sie es schaffen, dass die Zuhörer durch Ihre Schlussgedanken zum Nachdenken oder zum Handeln bewegt werden, dann haben Sie gewonnen.

Noch eine andere, für mich ebenso wichtige Bedeutung hat die Zusammenfassung vor dem Schluss: Sie ist Ihre vorletzte Chance, einen guten Eindruck zu hinterlassen. Ihre Zusammenfassung ist so etwas wie das Summary, das Wesentliche in wenigen Sätzen. Deshalb halte ich eine genau vorbereitete Zusammenfassung für unbedingt notwendig. Auf keinen Fall aber dürfen Sie im „Ausstiegsreiz“ noch ein neues Kapitel beginnen, etwas ganz Neues bringen. Falls Ihnen wirklich einfällt, dass Sie etwas wirklich Wichtiges vergessen haben, dann schlage ich Ihnen folgende Formulierungsvariante vor:

- „Bevor ich jetzt zusammenfasse, möchte ich noch einen Gedanken anfügen ...“

4. Der Schlussreiz – der letzte Eindruck bleibt!

„Ein Fußballspiel dauert 90 Minuten ..." Manch einer, der an diese alte Herberger-Weisheit glaubte, ist bereits böse überrascht worden. Tatsache ist: Ein Spiel dauert so lange, bis der Schiedsrichter abpfeift! Erst dann wird abgerechnet, nicht vorher. Und manches Spiel ist in der Nachspielzeit entschieden worden. So ist das auch in einem Vortrag. Der vierte Zielpunkt, den es zu treffen gilt, ist der Schlussreiz. Der Schlussreiz entscheidet darüber, ob die Zuhörer zufrieden heimgehen und etwas mitnehmen, was sie bewegt – oder ob sie schnell zur Tagesordnung übergehen und Ihren Vortrag schlicht und einfach vergessen. Der Schlussreiz muss ebenso begeistern wie der Anfangssatz. Toll ist es, wenn der Schlussreiz einen Bogen zum Aufmacher schlägt, sozusagen aus Ihrem Vortrag per Dramaturgie eine „runde Sache" werden lässt. Deshalb gehören hierhin diejenigen Botschaften an die Zuhörer, die sie emotional berühren. Denken Sie daran: Der letzte Eindruck ist der bleibende Eindruck!

Ein Schlussreiz muss wie ein Schlussreiz klingen. Die Stimme gibt noch einmal alles, was sie zu bieten hat (aber bitte angemessen und nicht aufgesetzt), der Schlussreiz ist perfekt formuliert und lässt keinen Zweifel darüber aufkommen, was Ihnen wichtig ist. Falls Sie möchten, dass die Zuhörer nach dem Vortrag mit Ihnen ins Gespräch kommen, dann kündigen Sie diese Möglichkeit vor dem Schlussreiz an! Also, schaffen Sie den Raum für Gespräche, aber verbauen Sie sich durch zu viel Höflichkeit nicht die Chance für einen guten Abgang.

4.3 Die Zwischenreize – den Hauptteil der Rede attraktiv gestalten

Vier wichtige Dramaturgiepunkte gilt es also während eines Vortrages zu treffen. Was aber können Sie tun, um sich die Aufmerksamkeit Ihrer Zuhörer auch während des Hauptteils Ihres Vortrages zu sichern?

Rhetorik ist die Kunst, Menschen zum Zuhören zu bewegen. Die Menschen hören zu, wenn sie etwas bewegt, anspricht, reizt. Menschen sprechen auf Reize an. Seien Sie sich bewusst, dass die Aufmerksamkeit Ihrer Zuhörer während des Vortrags nachlässt. Dieses Nachlassen der Aufmerksamkeit hat nicht unbedingt etwas mit Ihnen zu tun, sondern damit, dass die Aufnahmefähigkeit eines Menschen durchaus begrenzt ist (unser Gehirn muss beim Zuhören schließlich Schwerstarbeit verrichten).

Wissen Sie, was sich hinter der Definition: „das unveränderte Andauern eines Zustands über einen als zu lang empfundenen Zeitraum" verbirgt? – Richtig: die Langeweile! Wahrscheinlich stimmen Sie mir darin zu, dass sich öffentliche Auftritte und Vorträge oder Präsentationen in Unternehmen in Deutschland nur allzu oft durch eine eindrucksvoll quälende Langeweile auszeichnen. Alles, auch das zunächst Neue, Aufregende und Spannende, kann auf Dauer langweilig werden. Selbst das beste Essen, selbst meine Lieblingsspeise mag ich nicht mehr als beglückend empfinden, wenn ich sie drei Wochen hintereinander an jedem Tag genießen durfte. Vielleicht geht es Ihnen ja ebenso. Abwechslung tut da zuweilen Not. Ähnlich ist es bei einer Rede oder Präsentation. Es ist neben den bereits genannten Elementen auch die lebhafte Abwechslung, die das Publikum fesselt. Deshalb ist ein Redner immer gefordert, seinem Publikum neue (An-)Reize zu bieten, um die Zuhörbereitschaft des Publikums zu erhalten. Es ist geradezu seine Verpflichtung, der zunehmenden Müdigkeit seiner Zuhörer entgegenzuwirken.

> Achten Sie deshalb während des Hauptteils Ihrer Rede auf genügend Höhepunkte, also Zwischenreize. Diese Zwischenreize können Sie durch die Art und Weise, wie Sie den Vortrag gestalten, ebenso erzielen wie durch bewusst gesetzte Impulse, die das Interesse der Zuhörer wecken.

1. Gegensätze

sind der Feind der Langeweile und auf besondere Weise geeignet, Missverständnissen entgegenzuwirken und das, was Sie zum Ausdruck bringen wollen, besonders deutlich zu illustrieren. Dazu ein Beispiel: „Wenn ich von Jugend spreche, meine ich weder die wenigen intellektuellen Yuppies noch die wenigen aggressiven Punks. Sondern ich rede von den ganz normalen Jungen und Mädels, die mit Angst und Zuversicht nach vorne schauen, nach bestem Wissen und Gewissen ihr Leben zu meistern versuchen und die die eindeutige Mehrheit der Unter-Zwanzigjährigen in Deutschland stellen." Durch den Gegensatz „Punks und Yuppies" ist das Spektrum der Jugend an den beiden extremen Rändern von der weiteren Diskussion ausgeklammert. Zugleich wird dadurch ein Hintergrund, ein Passepartout oder Rahmen entworfen, vor dem die Definition der Mehrheit der jungen Leute plastisch wirkt: Das „Jugendbild" des Redners wird deutlich, klar und unmissverständlich transportiert; zugleich schützt er sich vor besserwisserischen Einwänden der Art: „Es gibt aber schlimme Jugendliche".

2. Wechsel von kurzen und langen Sätzen

Dies allerdings nicht nach einem rhythmischen Schema, sondern nach dem Inhalt der Aussage. Das heißt: Es gibt Gedanken, die Sie besser in kurzen, und es gibt Inhalte, die Sie besser in längeren Sätzen ausdrücken sollten. Grundsätzlich aber hat der kurze Satz Vorrang vor dem langen. Er zwingt Sie zu größerer gedanklicher Konzentration und ist für den Hörer leichter zu verstehen. Doch ein langes Stakkato kurzer Sätze ist auch wieder langweilig und ermüdend; auch hier kommt es auf Abwechslung an.

> Tragen Sie nachdenkliche, um Differenzierung bemühte Gedanken in langen Sätzen und ruhigem Ton vor. Vermeiden Sie lange Schachtelsätze. Je mehr die Gedankenführung auf eine Handlungsanleitung zuläuft, desto kürzer sollten die Sätze werden.

3. Rhetorische Fragen

sorgen für Abwechslung und wirken vor allem bei langen Reden der Langeweile entgegen. Bei der rhetorischen Frage wird eine Aussage oder Aufforderung in Frageform gehüllt; der Redner ist sich der Zustimmung der Zuhörer sicher und nutzt sie, um den Bezug zwischen sich und dem Publikum zu verstärken. Ich erinnere mich, wie ein Bankdirektor einmal die Darstellung einer neuen Anlagestrategie mit der rhetorischen Frage einleitete: „Wann wohl ist die Überlebenschance bei einem Unfall höher, meine Damen und Herren, mit oder ohne Sicherheitsgurt?“ Doch Vorsicht: Rhetorische Fragen bergen die Gefahr, dass einer der Zuhörer sich aufgefordert fühlt, tatsächlich eine Antwort zu geben. Beantworten Sie die rhetorische Frage also vorsichtshalber kurz – aber die Pause nach der rhetorischen Frage darf nicht zu lang sein, sonst wird's vielleicht gefährlich.

4. Die Stimme: Der Ton macht die Musik

Die Stimme verrät Ihre Stimmung! Es macht einen großen Unterschied, ob Sie wie ein Roboter sprechen und Ihre Stimme klingt, als sei sie über einen „Gleichrichter“ gezogen – oder ob Sie mit Betonung und Klang in der Stimme sprechen. Deshalb: Sprechen Sie dynamisch, wechseln Sie Lautstärke und Stimmlage, modulieren Sie die Stimme. Aber auch hier ist Vorsicht geboten: Übertreiben Sie es nicht und hüten Sie sich vor unangemessener Theatralik.

„Der Brustton der Überzeugung“ gelingt Ihnen am besten, wenn Sie sich an die einfachen Sprechregeln der deutschen Sprache halten: Stimme senken am Satzende (Ausnahme ist der Fragesatz), Stimme heben, wenn im Satz ein gedankliches Komma folgt (oder eben am Ende eines Fragesatzes). Bitte beachten Sie: Wenn Sie am Ende eines Aussagesatzes mit der Stimme oben bleiben, wie bei einer Frage oder mitten im Satz, dann wirkt diese Betonung unschlüssig und unsicher.

Auch die Sprechgeschwindigkeit ist wichtig. Manche Menschen sprechen wie ein Maschinengewehr – ohne Punkt und Komma. Mal abgesehen davon, dass die Intonation der Stimme beim „Schnellsprechen" fast vollständig verloren geht, haben die Zuhörer keine Chance, das Gehörte zu verarbeiten. Notorischen Schnellsprechern zu sagen: „Sprich langsam", halte ich für dumm. Die Stimme wird dann unecht klingen. Mein Rat für den „Schnellsprecher": Machen Sie mehr Pausen. Geben Sie dem Zuhörer eine Chance. Langfristig findet sich dann schon das richtige Maß zwischen „Sprechen wie ein Maschinengewehr" und „einschläfernder Langsamkeit".

Manche Redner glauben, sich vor allem durch Lautstärke verständlich machen zu müssen. Hier ist genau zu differenzieren; denn bei der Lautstärke gibt der Unterschied zwischen „deutlich", „laut" und „schreien" den Ton an. Normalerweise reicht es aus, sehr deutlich zu sprechen. Das heißt: Mund auf beim Reden, Buchstaben und vor allem Endungen betonen, die Intonation richtig setzen. Um die Zuhörbereitschaft des Publikums während der gesamten Redezeit zu kitzeln, müssen Sie nicht nur den Inhalt, sondern auch den Vortragsstil der Rede nuancenreich und abwechslungsreich gestalten. Wechseln Sie also zwischen laut und leise. Wählen Sie – bei passendem Redeanlass – einen lockeren Plauderton. Und variieren Sie das Sprechtempo. Lautes Sprechen ist meiner Erfahrung nach nur in großen Räumen notwendig; wer gut intoniert, deutlich und engagiert spricht, der braucht seine Stimme nicht zu (er-)heben. Es wird Sie nicht wundern, wenn ich Brüllen und Schreien dagegen für völlig unangebracht halte – es sei denn, Sie wollen provozieren, aber auch da ist die Gefahr zu groß, dass die Stimme kippt und schnell heiser wird! Und eine heiser klingende Stimme wird lediglich zu einer Provokation führen, die Sie nicht beabsichtigt haben.

5. Die Pause als Spannungselement

Gemeint ist hier die Pause, die entsteht, wenn der Redner vor einer wichtigen Aussage kurz inne hält und dann weiterspricht. Es geht also nicht um die Pause, die zum Beispiel gerne zwischen der Rede und der anschließenden Diskussion eingelegt wird. Probieren Sie es einmal aus: Machen Sie während Ihres Vortrages eine Pause und schauen Sie in die Runde. Sie werden merken, wie sich Spannung aufbaut. Eine Spannung allerdings, die Sie als Redner auch aushalten können müssen. Die Pause ist ein wichtiges Element, um Spannung zu erzeugen! Pausen haben für die Zuhörer einen ganz praktischen Nutzen: Sie ermöglichen den Zuhörern Ihres Vortrages, das zu verarbeiten, was Sie gesagt haben. Es ist wie bei einer guten Mahlzeit: Die Pause dient zum Schmecken und Runterschlucken! Und sie bringt einen kleinen Schuss Dramatik in die Rede – ein Gewürz, das Ihre Rede nur schmackhafter machen kann, solange Sie es nicht übertreiben. Für Sie als Redner bieten Pausen weitere Vorteile: Eine Pause gibt Ihnen die Möglichkeit zum Atemholen, sich neu zu konzentrieren, zum Testen der Stimmung unter den Zuhörern und auch dazu, in Ruhe einen intensiven Blickkontakt zu ihnen aufzunehmen – oder zu Ihrem Manuskript. Lassen Sie also sich und dem Publikum Zeit für eine Pause. Mein Tipp: Zählen Sie bei einer Pause innerlich bis drei ... mindestens.

6. Optische und akustische Bilder

Was ein optisches Bild ist, setze ich als bekannt voraus. Verwenden Sie Visualisierungs-Techniken, um das Wesentliche Ihres Vortrages durch Bilder zu begleiten (Vorsicht vor dem Zuviel des Guten). Die Bilder sollen eingängig sein und möglichst wenige Textinformationen enthalten (viele Textfolien sind leider verkappte Manuskripte). Wenn Sie Textmaterial benutzen, dann sorgen Sie dafür, dass alle Informationen gut lesbar sind! Grundsätzlich gilt: Ein Bild sagt mehr als tausend Worte, auch wenn diese tausend Worte auf eine Folie geschrieben sind. Ein akustisches Bild entsteht, wenn der Redner den Zuhörern die Möglichkeit gibt, vor ihrem geistigen Auge ein Bild entstehen zu lassen, auf das er sich dann während seines Vortrages beruft. Anekdoten, Geschichten und Erzählungen beleben die Rede. Deshalb: Reden Sie in Bildern. Als erfolgreicher Redner machen Sie die „Hörer mit den Ohren sehend“, veranstalten Sie Kino im Kopf des Publikums. Die bildhafte Sprache ist der Schlüssel, mit dem Sie sich Zugang zur Vorstellungskraft der Zuhörer verschaffen.

Ich möchte Ihnen ein Beispiel geben: „Bitte nehmen Sie sich einen Augenblick Zeit und stellen Sie sich vor, Sie wären während der Rush-Hour mitten im Verkehrsgewühl einer Großstadt ... Sie sitzen im Auto ... Die Straße ist verstopft. Links und rechts von Ihnen Blech ... vor Ihnen eine Blechlawine ... hinter Ihnen ein Hupkonzert. Sie haben einen wichtigen Termin ... die Zeit drängt ...“ – Das Verkehrschaos steht nun geradezu bildlich vor den Augen der Zuhörer. Sie können sich etwas vorstellen, obgleich Sie kein Bild zeigen. Dennoch können Sie auf solch einem akustischen Bild aufbauen. Allerdings müssen die Bilder stimmen und das Gewollte wirklich zum Ausdruck bringen. Treffende Bilder ersparen Ihnen wortreiche Erklärungen und erleichtern den Hörern die Verarbeitung der Redeinhalte, also das Verständnis. Akustische Bilder müssen in den Kontext des Publikums passen. Versuchen Sie einmal einem „Hindu“ der noch nie Schnee gesehen hat und von Weihnachten keine Ahnung hat, ein Bild der besinnlichen Stimmung von weißer Weihnacht zu vermitteln. Ich garantiere Ihnen: Das wird nicht funktionieren.

> Versuchen Sie einmal, für den Zuhörer Vorgänge in Handlungen zu übersetzen und machen Sie ein verständliches Bild daraus.

Ein beliebtes Extrembeispiel mag dies verdeutlichen: „Die morphologische Dimension subterraner Agrarprodukte variiert reziprok zur mentalen Kapazität der Agrarier.“ – „Die dümmsten Bauern ernten die dicksten Kartoffeln.“ Welchem der zwei Sätze würden Sie mehr Überzeugungskraft und saftige Intensität zubilligen, hielten Sie sich im Publikum auf, vor dem ein Mitarbeiter des Landwirtschaftlichen Ministeriums eine Rede hält? Wahrscheinlich dem zweiten – weil hier ein abstrakter Vorgang in ein klares und anschauliches Bild verpackt worden ist.

Erzählen Sie also Geschichten, Anekdoten, Erlebnisse, Storys aller Art und vor allem Parabeln – ein paar schöne Beispiele für Parabeln finden Sie in Kapitel 10. Für Ihre Rede sind sie allerdings nur förderlich, wenn Sie sie knapp und kurz erzählen. Nutzen Sie dabei Ihren eigenen Erfahrungshintergrund. Wenn Sie aus dem Schatzkästlein Ihres Lebens erzählen, gewinnt die Rede allein dadurch an Bildhaftigkeit, Lebendigkeit und Eingängigkeit – und an Authentizität! Übrigens ist die beste Fundquelle für Geschichten, die das Leben schrieb, sowieso das Leben selbst, wie der folgende Artikel zeigt.

Schaf erschoss Schäfer

KAIRO: Der ägyptische Schäfer Mochtar Adam Fadl schlief bei seiner Herde, als ihn ein tödlicher Schuss traf. Der 20 Jahre alte Beduine wurde in die Brust getroffen und war sofort tot. Stunden später fanden Polizeibeamte im nordwestägyptischen Bezirk Marsa Matruch den Täter: Es war eines der Schafe. Das Tier hatte gegen das Gewehr Fadls getreten, worauf sich ein Schuss löste. *(ap)*

Bringen Sie ruhig auch anschauliche Beispiele aus dem Umfeld der Zuhörer, Zitate und Erlebnisse (Vorsicht aber vor übertriebener Selbstdarstellung). Bedenken Sie, dass Menschen am besten behalten, wenn sie das, was neu ist, mit etwas verbinden können, was sie schon kennen. Ich halte es so, dass ich viele meiner Erklärungen aus dem jeweiligen Umfeld meiner Zuhörer entlehne. Einen inhaltlich gleichen Vortrag gestalte ich vor Vertretern der Automobilbranche mit anderen Beispielen als vor Fachleuten aus der Telekommunikation oder dem Kollegium einer Hochschule.

7. Gleichnisse, Vergleiche und Parabeln

Sinn eines Gleichnisses ist es, einen komplizierten Vorgang in eine Geschichte zu verpacken, um diese zur Erklärung heranzuziehen. Ein

Gleichnis spricht das bildhafte Vorstellungsvermögen der Menschen viel besser an, als es Erklärungen „normalerweise" tun würden. Ein Beispiel für ein Gleichnis, das ich zuweilen benutze, wenn mich Kunden danach fragen, weshalb Trainer scheinbar so hohe Preise nehmen:

Der Preis der Übung

Der Kaiser von China, ein anerkannter Freund des Hahnenkampfes, bat Chi Ling, einen großen Maler, der sich auf das Malen von Hähnen spezialisiert hatte, ihm einen prächtigen Kampfhahn zu malen. Chi Ling bat darum, sogleich seinen Lohn zu erhalten, und der Kaiser übergab ihm einen Beutel mit 20 Goldmünzen. „Wann wird das Bild fertig sein?", fragte der Kaiser. „Sobald ich eine Inspiration hatte!", antwortete Chi Ling und ging nach Hause. Als nach langen Wochen des Wartens der Kaiser seine Wesire ausschickte, um zu fragen, wie weit Chi Ling mit dem Bild sei, bekamen sie als Antwort: „Ich hatte noch keine Inspiration!" Nach weiteren Wochen wurde der Kaiser zornig und befahl, Chi Ling in den Palast zu bringen. „Wie weit ist mein Bild?", fragte der Kaiser zornig. „Warte einen Moment", entgegnete Chi Ling ruhig, packte seine Pinsel und seine Farbe aus und malte in weniger als 10 Minuten einen prächtigen Kampfhahn. Der Kaiser war begeistert und zornig zugleich: „So lange ließest du mich warten. 20 Goldstücke gab ich dir für weniger als 10 Minuten Arbeit. Das ist Betrug!" „Die Inspiration bekam ich erst durch deine Wut", sagte Chi Ling, „und bezahlt hast du nicht die 10 Minuten Arbeit, sondern die 30 Jahre täglicher Übung!"

Wie beim Gleichnis verlassen Sie auch beim Vergleich die eigentliche Sachebene, um auf einem anderen Gebiet zu „wildern", das heißt: zwei Bereiche werden miteinander verschmolzen, die Zuhörer müssen Gedanken, Assoziationen und Emotionen aus dem einen Bereich in den anderen übertragen. Ein Beispiel dazu: „Was hat ein Gänseblümchen mit unserer neuen Software zu tun? – Nichts, aber nur auf den ersten Blick. Beim genaueren Hinsehen aber zeigt sich, dass dieses scheinbar so unbedeutende Softwarepaket sich wie ein Gänseblümchen ausgebreitet hat."

Eine Parabel ist ein stärker ausgeführter Vergleich. Eine Parabel, die ich gerne benutze, bevor ich Menschen ein Feedback gebe, möchte ich Ihnen jetzt noch erzählen. Aufgeschrieben hat sie Dr. Nossrat Peseschkian in seinem Buch „Der Kaufmann und der Papagei":

„Ich brauche Geld, kannst Du mir hundert Mark borgen?", fragt ein Mann seinen Freund. „Ich habe das Geld, aber ich gebe es dir nicht. Sei mir dankbar!" Ärgerlich fuhr der Freund auf. „Dass du das Geld hast und es mir nicht geben willst, kann ich zur Not noch verstehen. Aber dass ich dir dafür noch dankbar sein soll, ist nicht nur unverständlich, sondern eine Unverschämtheit." „Lieber Freund", antwortete der andere, „du hast mich um Geld gebeten. Ich hätte sagen können, komm morgen. Morgen hätte ich gesagt, das tut mir aber leid, ich kann es dir heute noch nicht geben, komm doch übermorgen. Wenn du dann zu mir gekommen wärest, hätte ich gesagt, komm doch am Ende der Woche. So hätte ich dich hinhalten können, bis an das Ende der Tage, oder wenigstens so lange, bis dir irgendein anderer das Geld gegeben hätte. Aber den hättest du gar nicht gefunden, da du immer damit beschäftigt gewesen wärest, zu mir zu kommen, und du immer auf mein Geld gerechnet hättest. So sage ich dir aber ehrlich, dass ich dir das Geld nicht gebe. Du kannst es also irgendwo anders versuchen und dort dein Glück machen. Sei mir also dankbar."

8. Das „innere Ja"

Sorgen Sie dafür, dass Ihre Zuhörer immer wieder innerlich „Ja" zu dem sagen können, was Sie vortragen (dabei helfen auch die Pausen, denn Pausen geben den Zuhörern Zeit, ein „inneres Ja" aufzubauen). Verzichten Sie in Ihrem Vortrag auf grobe Pauschalierungen und auf nicht überprüfbare Behauptungen und rücken Sie verständliche und klar formulierte Tatsachen ebenso in den Vordergrund wie anschauliche Beispiele. Das „innere Ja" verhilft Ihnen zum Erfolg und den Zuhörern zur Zufriedenheit. Ein „inneres Nein“ hervorzurufen, kann ebenfalls ein Stilelement sein, das es aber zu beherrschen gilt. Die Provokation, die zum inneren Widerspruch führt und Spannung bewirkt, will gekonnt eingesetzt werden. Erfolgreich sind Sie, wenn die Zuhörer im Verlauf des Vortrages zu überlegen beginnen, ob in Ihren Behauptungen und Aussagen nicht doch ein Körnchen Wahrheit enthalten ist und sogar beginnen, Ihren provokanten Thesen zu folgen. Normalerweise führt das „innere Nein“ im Publikum jedoch zu einer (An-)Spannung und, wenn es gehäuft vorkommt, eher dazu, dass Sie und Ihr Vortrag abgelehnt werden.

9. Humor

Leider kommt Humor in den allermeisten Reden so gut wie überhaupt nicht vor. Woran mag das liegen? Ist Humor nicht mehr „in“? Ich meine: keineswegs. Ich bewerte Humor in der Rhetorik sehr hoch. Gut, Humor kann Argumente nicht ersetzen und es besteht die Gefahr mit zuviel „Witzeleien“ zum „Witzbold“ zu werden. Doch Humor fügt einem Vortrag etwas Menschliches hinzu, was für den Erfolg wichtiger sein kann als ein guter Gedanke:

- Humor baut Spannungen ab und überwindet Ablehnung.
- Humor beeinflusst das Denken und die Grundhaltung der Zuhörer.
- Humor signalisiert Überblick, Distanz und Gelassenheit, also das Gegenteil von Enge und Verbissenheit. Wer gelassen ist, tut kund, er habe noch Pfeile im Köcher.
- Humor ist augenzwinkernde Bereitschaft zum Lachen, Einverständnis zum Mitlachen. Humor schafft Gemeinschaft und Wir-Gefühl, sozusagen eine Komplizenschaft des Redners mit seinem Publikum.
- Wer im rechten Augenblick Humor beweist, kann vieles bewirken. Fast alle Menschen lachen gerne, sind dankbar, wenn sie einen Grund zum Lachen (oder Schmunzeln) haben. Wer lacht, fühlt

sich wohl. Und wer andere zum Lachen bringt, wird als Glücksbringer sympathisch.

- Humor ist die Äußerung eines Menschen, der sich dem Gegenstand seines Interesses liebevoll nähert, mit Sinn für menschliche Schwächen und Eitelkeiten. Nicht umsonst heißt es: „Der Humor ist keine Gabe des Geistes, er ist eine Gabe des Herzens" (so der Schriftsteller Ludwig Börne).

Humor und Witz haben das gewisse Etwas, das auch eine kleine Rede zu einem großen Ereignis machen kann. Doch gibt es durchaus Unterschiede. Der Witz oder das Witzige beschreibt in wenigen Worten eine überraschende Situation. Kurz, knapp, die Zuhörer lachen entspannt. Witz (das aus dem Mittelhochdeutschen kommt und zurückzuführen ist auf „witze" = Wissen, Verstand, Klugheit, heute noch im Mutterwitz enthalten) eignet sich besonders für Aufmacher oder wenn es darum geht, Schlagfertigkeit an den Tag zu legen – was ich in Kapitel 9 noch näher belegen werde. Witz ist Anspannung. Witz verlangt Aufmerksamkeit. Er führt zu Pointen, zu Überraschungen, ist quasi dramatisches Theater in Kleinkunstformat. Humor dagegen ist Entspannung. Er lebt aus der Erfahrung und der Akzeptanz des Widersprüchlichen in der Welt, aus der Paradoxie, deren Gegensätze und Ungereimtheiten er mit verständnisvoller Nachsicht erträglich macht. Humor will nicht triumphieren, will niemanden vernichten. Er „droht" mit der Fliegenklatsche und Narrenpritsche, aber er lässt leben. Er treibt Gegensätzliches nicht auseinander, sondern sucht zu verstehen. Humor ist nachsichtig. Beachten Sie Folgendes dabei:

- Analysieren Sie die Redesituation. Humor passt bei fast allen Redeanlässen. Selbst im Trauerfall ist er nicht völlig verfehlt. Sie müssen allerdings feinfühlig die Erwartungen der Zuhörer abschätzen.
- Durchdenken Sie das Thema genau.
- Formulieren Sie den „humorigen" Text präzise.
- Tragen Sie locker und entspannt vor.

- Lachen Sie keinesfalls selber, bestenfalls ein Schmunzeln ist „erlaubt“.
- Machen Sie kleine Kunstpausen, um den „Groschen“ fallen zu lassen.

Echter Humor kommt von Herzen und ist niemals verletzend. Falscher Humor dagegen schießt über das Ziel hinaus, wobei ich unter „schlechtem“ Humor diejenige Spielart verstehe, die verletzt und auf Kosten anderer, zumeist Minderheiten, geht. Deshalb Vorsicht vor den unangenehmen Formen des Humors, die sich aber leider immer größerer Beliebtheit erfreuen, nämlich „Zynismus“, „Sarkasmus“, „Sexismus“ und „Rassismus“!

Natürlich: Humor ist nicht erlernbar; und wenn ein von Natur aus „unhumoriger“ Redner unter allen Umständen versucht, humorvoll zu sein, verliert er an authentischer Überzeugungskraft, und die Glaubwürdigkeit leidet. Wer aber etwas für seine „Humorfähigkeit“ tun möchte, dem sei empfohlen:

- Lesen Sie einige Bücher berühmter Humoristen, ob das nun Heinz Ehrhard, Karl Valentin, Christian Morgenstern oder Kurt Tucholsky ist. Sicher finden Sie etwas dabei, was Ihrem Geschmack entspricht.
- Halten Sie beim Lesen, beim Fernsehen und in Gesprächen die Ohren auf und achten Sie auf Zitate, Wortspiele, paradoxe Formulierungen und Ereignisse, mit denen Sie Ihrer Rede eine Prise Humor geben können. Ich freue mich immer wieder, wenn meine Seminarteilnehmer mir neue intelligente Wortspiele liefern, die ich in meine Reden einbauen kann. So sagte kürzlich ein Manager, nachdem er sich im Video gesehen hatte: „Was, das bin doch nicht ich! Eigentlich bin ich ein ganz anderer, aber ich komme sehr selten dazu!“ Und ein anderer Seminarteilnehmer meinte einmal: „Und nun stell dir einmal vor, du hältst eine Rede --- und alles geht gut!“

10. Bedürfnisse ansprechen

Argumentieren Sie bedürfnis- und nutzenorientiert. Beachten Sie dabei die Interessen und Wünsche Ihrer Zielgruppe mehr als Ihr eigenes Wissen, achten Sie aber darauf, sich nicht in Details zu verlieren. Zeigen Sie die Vorteile und den Nutzen Ihrer Lösungen auf, damit Ihre Zuhörer erkennen, was sie davon haben, wenn sie sich Ihnen oder Ihrer Meinung anschließen. Natürlich müssen Sie an dieser Stelle aufpassen, nicht den Eindruck der Manipulation zu erwecken. Eine Möglichkeit, diesen Eindruck nicht entstehen zu lassen, ist die wertorientierte Argumentation – mehr dazu erfahren Sie im nächsten Kapitel.

Als rhetorisches Stilmittel können Sie den Dialogismus einsetzen, den fingierten Dialog mit dem Publikum. Der Dialogismus dient nicht nur der Verlebendigung des Vortrages, indem Sie die direkte Rede einsetzen, sondern integriert die Zuhörer in Ihre Rede: „Vielleicht fragen Sie sich nun, meine verehrten Damen und Herren: ‚Welchen Nutzen haben denn nun diese Ausführungen für mich?' Nun, diese Frage möchte ich Ihnen gerne beantworten ..."

11. Halten Sie Blickkontakt

Mit dem Blickkontakt zu den Zuhörern erreichen Sie zweierlei. Erstens können Sie die Wirkung Ihrer Worte überprüfen; achten Sie dabei auch auf die körpersprachlichen Signale Ihrer „stummen Gesprächspartner"! Zweitens sind die Zuhörer aufmerksamer, wenn sie angeschaut werden, denn sie merken, dass es Ihnen um Ihr Publikum geht, Sie nicht nur ein Redeprogramm herunterspulen – Augen aufs Manuskript und durch –, sondern den Kontakt zum Auditorium suchen. Verzichten Sie deshalb insbesondere in Redepausen darauf, Ihre Unterlagen zu sortieren. Nutzen Sie die Redepause vielmehr, um Blickkontakt mit Ihren Zuhörern aufzunehmen!

12. Angemessene Mimik

Lächeln ist noch immer die einfachste Methode, anderen Menschen die Zähne zu zeigen, so der Rhetoriktrainer Peter Ebeling. Geben Sie aber Acht, dass Ihr Lächeln nicht als Mittel zur Manipulation missverstanden wird. Ihr Mienenspiel sollte der Situation angemessen sein. Lächeln Sie nicht nach einer ernsthaften Äußerung, legen Sie keine Trauermiene auf, wenn Sie etwas Positives zu sagen haben. Bedenken Sie: Ihr Mienenspiel ist ein Teil Ihrer Glaubwürdigkeit und wird von den Zuhörern mindestens ebenso stark registriert wie das, was Sie sagen (hier gilt abgewandelt: Ihr Bild sagt mehr als tausend Worte).

13. Wortspielereien und weitere Redefiguren

In so gut wie jedem Rhetorikbuch finden Sie ausführliche Darstellungen zu den rhetorischen Redefiguren. Auch ich habe Ihnen bereits einige genannt und möchte mich im Folgenden darauf beschränken, einige Redefiguren darzustellen, die ich selbst gerne in meinen Reden verwende – und zwar als Zwischenreize, die dem Spannungssaufbau der Rede und der Spannungserhaltung dienen. Denn die Gefahr, dass eine Rede unter der Last der rhetorischen Stilmittel zusammenbricht, an Wirkung verliert und die Authentizität des Redners in Mitleidenschaft gezogen wird, ist zu groß, als dass ich hier zu ausführlich werden möchte. Betrachten Sie die Redefiguren vor allem als das „Salz in der Suppe" – also als eine Zutat, welche nicht übertrieben verwendet werden darf, will man nicht das Menü insgesamt ungenießbar machen.

Höhepunkte einer Rede können Wortspiele sein. Sie erregen in besonderer Weise die Aufmerksamkeit der Hörer, zudem erhöhen sie die Eindringlichkeit der Aussage. Ein Meister der Wortspielerei war der verstorbene Humorist Heinz Ehrhard. Ein von ihm stammendes Wortspiel nutze ich zuweilen in Situationen, in denen ich als Redner einen „Verhaspler" „entpeinliche". Ehrhard sagte: „Ja, ja, ja, die Worte fallen mir leicht aus dem Gehege meiner Zähne, was immer noch besser ist, als wenn mir das Gehege meiner Zähne ins Wort fällt!"

Vorsicht vor abgegriffenen oder aus dem Jugendfernsehen entliehenen, gerade zwar aktuellen, aber nichts sagenden Wortspielereien. Für besser halte ich es, neue, eigene zu erfinden. Bei der Suche nach geeigneten Wortspielen sollten Sie bedenken, dass sich gerade durch die Zusammenstellung von gleichlautenden oder ähnlichen Wörtern, die aber eine unterschiedliche, ja oft gegensätzliche Bedeutung aufweisen, rhetorische Funken schlagen lassen. In einer Rede einer leicht aufgebrachten Führungskraft hörte ich einmal: „So darf behauptet werden, dass die Abteilung zu einer Raubteilung geworden ist, seitdem der neue Abteilungsleiter sein Amt übernommen hat“.

Eine schöne Redefigur ist die Anspielung: Ein Sachverhalt oder eine Idee wird nur gestreift, nicht deutlich ausformuliert. „Der Geschäftsbericht erinnert mich an die Auswirkungen des 30-jährigen Krieges“ – damit weckt der Redner bestimmte Assoziationen bei dem Zuhörer, ohne dass er genauer auf den Bezug zwischen Bild und Sachverhalt eingehen muss. Oder der Redner weist darauf hin, dass er im Verlauf der Rede noch einmal näher auf ein Detail zu sprechen kommt: „Ich werde Ihnen an anderer Stelle noch ausführlich darstellen, wie diese neue Erfolgsmethode in Ihrem Berufsalltag konkret eingesetzt werden kann.“ Mit diesem Zwischenreiz erhöhen Sie die Spannung und wecken eine Erwartungshaltung, die das Publikum aufmerken lässt. Sie dürfen dann allerdings auch nicht vergessen, diesen Reiz aufzulösen und tatsächlich auf den Sachverhalt zu einem späteren Zeitpunkt einzugehen.

Um das Publikum zu „wecken“, seine Aufmerksamkeit aufs Neue zu beleben, es vielleicht sogar zum Nachdenken anzuregen, setze ich gerne den Zwischenreiz „Übertreibung“ ein. Ich schieße dann über mein Ziel hinaus und betätige mich als „Übertreibungskünstler“: „Wenn es uns nicht gelingt, das Produkt am Markt durchzusetzen, laufen wir Gefahr, uns schneller als wir denken auf dem Insolvenz-Friedhof wiederzufinden.“ Verstärken kann man diese Figur durch die „Wiederholung“. Wörter, Satzteile oder ganze Sätze werden direkt hintereinander – „Eine Steigerung des Gewinns um 5, ich wiederhole: um 5 Prozent ...“ – oder an mehreren Stellen der Rede wiederholt, um die Eindringlichkeit zu steigern und die Bedeutung der Redepassage herauszustellen.

In die entgegengesetzte Richtung wirkt die „Worteinsparung“. Die Sätze werden grammatikalisch verkürzt, das Unwichtige weggelassen, Konzentration auf das Wesentliche ist angesagt: „2000: Produkteinführung – 2002: Produktführerschaft, meine Damen und Herren!“

4.4 Der Schluss der Rede – das „i-Tüpfelchen“

„Sehr geehrte Damen und Herren, ich bedanke mich für Ihre Aufmerksamkeit und wünsche Ihnen eine gute Heimfahrt.“ So enden viele Reden – leider. Denn natürlich ist es gerade der Schluss, der dem Publikum im Gedächtnis haften bleibt. Und darum sollte er nicht aus einer höflichen Schlussfloskel bestehen. Es sind die Dichter und Schriftsteller, von denen Sie hier einiges lernen können. Wer erinnert sich zum Beispiel – aus seiner Schulzeit – nicht an die spektakulären Schlüsse der Dramen Friedrich von Schillers oder der Erzählungen und Romane Thomas Manns? Auch die „Modernen“ haben sich da etwas abgeschaut, etwa die Harry-Potter-Autorin Joanne K. Rowling. „*Die* wissen ja nicht, dass wir zu Hause nicht zaubern dürfen. Ich werde diesen Sommer viel Spaß haben mit Dudley ...“, meint Harry Potter am Schluss des ersten Teils „Harry Potter und der Stein der Weisen“. Und der Leser sieht schon genüsslich, wie Harry seinen „Muggel-Stiefbruder“ Dudley kräftig piesacken wird, die Phantasiereise ist mit der Lektüre des Buches nicht abgeschlossen.

Überlegen Sie also bitte ganz genau: „Was sollen die Zuhörer auf jeden Fall mit nach Hause nehmen?“ Um diese Botschaft oder Aussage im Gedächtnis Ihrer Zuhörer zu verankern, können Sie

- das Summary oder die Zusammenfassung vor dem Schluss nutzen. Dieser Reiz, der sich immer an den Verstand wendet, wird ergänzt durch

- den Schlussreiz, der die Emotionen der Zuhörer anspricht.

Der Schlussreiz: Das kann eine Aufforderung, eine Bitte, eine Warnung oder ein Appell sein. Sie können die Zuhörer noch einmal direkt und persönlich ansprechen, Sie können sich selbst – nach dem Motto: „Mir war heute wichtig, Ihnen ...“ – ins Spiel bringen, Sie können an ein aktuelles Thema anknüpfen. Sie können einen Ausblick geben, ein motivierendes Zitat oder eine Sentenz verwenden – Möglichkeiten, den Redeschluss attraktiv zu gestalten, gibt es viele. Wichtig ist: Spielen Sie bei der Formulierung des Redeschlusses noch einmal auf der Klaviatur Ihres sprachlichen Geschicks, und investieren Sie Zeit, Kreativität und Gedankenschmalz.

Überlegen Sie zudem, welche der bisher genannten „Reize“ Sie für den Redeschluss nutzen können. Denn die Tipps für den Aufmacher und die Zwischenreize lassen sich oft genug auch an anderen Stellen nutzbar machen, um die Attraktivität der Rede zu erhöhen. Ich verzichte übrigens darauf, mich am Schluss einer Rede „für die Aufmerksamkeit“ zu bedanken – es sei denn, ich war so grottenschlecht, dass ich dafür dankbar sein muss, wenn das Publikum da geblieben ist. Ich bedanke mich für den Applaus, wenn es welchen gibt, oder für die „Zeit, die ich mit Ihnen verbringen durfte“. Am Ende aber steht der Schlussreiz!

Zusammenfassung

- Ihre Rede muss spannend wie ein Krimi sein. Dies gelingt, wenn Sie bei der Konzeption einige dramaturgische Regeln beachten und so Ihrer Rede einen Spannungsbogen geben, durch den Ihr Publikum in Atem gehalten wird.

- Machen Sie es Ihrem Publikum so leicht wie möglich, Ihrer Rede aufmerksam zu folgen. In Anlehnung an einen Satz des argentinischen Dichters Jorge Luis Borges behaupte ich: „Wenn wir etwas mit Mühe hören, so ist der Redner gescheitert."

- Leiten Sie Ihre Rede mit einem „Aufmacher" ein, setzen Sie zum Schluss einen Akzent, der den Zuhörern über die Redezeit hinaus in Erinnerung bleibt und arbeiten Sie – wo immer möglich und sinnvoll – mit Zwischenreizen. Bei der Vorbereitung der Rede investieren Sie möglichst viel „Gedankenschmalz", Kreativität und Zeit, wenn es um die Arbeit an den Passagen „Redebeginn" und „Redeschluss" geht.
- Verwenden Sie eine bildhafte und saftige Sprache.
- Redefiguren verleihen Ihrer Rede die richtige Würze.
- Setzen Sie die genannten Reize, Stilmittel und Redefiguren aber nicht übertrieben ein. Eine Rede lebt von der Abwechslung, und ein Vortrag, der dem Publikum permanent Adrenalinschübe versetzt, droht zu kollabieren.

Individueller Lernweg: „Schreiben Sie eine Rede!"

Und wieder beschäftigen Sie sich bitte mit der „schlechten Musterrede" (S. 60):

1. Welche Fehler unterlaufen dem Redner?
2. Was hätten Sie anders gemacht?

Stellen Sie in den Mittelpunkt Ihrer Analyse die Fragen:

- Wie ist die Rede aufgebaut, verfügt sie über einen Spannungsbogen?
- Ist die Rede langweilig; wenn ja: warum?
- Welchen Aufmacher wählt der Redner, welche Zwischenreize und Redefiguren nutzt er?

5. Den roten Faden spinnen

Was Sie in diesem Kapitel erwartet

Ziel einer Rede sollte immer sein, die Erwartungen des Publikums in den Mittelpunkt zu stellen. Sie sollte deshalb strikt auf dessen Bedürfnisse und Erwartungen abgestimmt sein. Zwar können Sie nun sagen: 100 Zuhörer, das bedeutet 100 verschiedene Erwartungshaltungen, das heißt 100 verschiedene Wünsche, Zielsetzungen, Motive. Trotzdem behaupte ich: Jeder Zuhörer stellt mindestens zwei grundsätzliche Erwartungen an eine Rede – sie soll ihn bereichern, für ihn also irgendeinen Wert oder Nutzen bereithalten, und klar und stringent aufgebaut sein, so dass man dem Argumentationsgang leicht folgen kann. Sie erfüllen diese Erwartungen, indem sie wertorientiert argumentieren und die Fünf-Satz-Technik nutzen, um in Ihre Rede einen roten Faden einzuweben.

5.1 Wertorientiert argumentieren

Rhetorik ist die Kunst, Menschen zum Zuhören zu bewegen! Menschen, die einen Vortrag hören, wollen später etwas mit nach Hause nehmen. Etwas, was sie neu gelernt haben, etwas, das sie „bereichert". Das können neue Kenntnisse sein – oder neue Erkenntnisse. Etwas zum Nachdenken oder zum Mitreden – oder etwas, das sie verwenden können, um ihr Leben zu bereichern oder ihren Berufsalltag leichter zu bewältigen. Wenn es der Redner schafft, so zu sprechen, dass die Zuhörer in dem, was er sagt, einen Wert für sich selbst erkennen können, dann werden sie auch zuhören, ihm zustimmen, mit einem „inneren Ja" auf seine Worte reagieren. Es liegt in der Verantwortung des Redners, „wertorientiert" zu argumentieren, in seiner Rede dem Publikum also einen Wert oder gar Werte zu präsentieren, die den Zuhörern einen konkreten Nutzen bringen. Um „wertorientiert" argumentieren zu können, muss der Redner entweder über Kenntnisse der Bedürfnisse der Zuhörer verfügen oder diese Bedürfnisse hervorrufen können. Tun wir einfach einmal so, als sei das, was ich jetzt behaupte, „wahr":

- Ein Zuhörer kann die Redeinhalte nur dann verstehen und nachvollziehen, wenn das, was ein Redner ihm vermittelt, ihm vorher bereits bekannt ist.
- Alles, was der Mensch tut, unternimmt er vor allem aus rein emotionalen Gesichtspunkten.
- Kein Gedanke eines Redners ist für das Publikum so einleuchtend, dass es genau weiß, was der Redner ausdrücken will und welchen Wert er seinen Gedanken beimisst.

Merke:

Nichts in Ihrer Rede spricht für sich selbst – keine Tatsache, keine Zahl, kein Name, kein Faktum, kein Zitat. Für alles, was Sie sagen, müssen Sie werben und argumentieren, indem Sie die Fakten ausdeuten, in Zusammenhänge stellen und sagen, welche Folgerungen Sie aus dem Ist-Zustand der von Ihnen wahrgenommenen Realität mit Blick auf die Gestaltung der Zukunft ziehen.

Nun wird der eine oder andere von Ihnen einwenden, dass es nahezu unmöglich sei, vor einem Publikum wertorientiert zu argumentieren, setzt sich das Auditorium doch in aller Regel aus Individuen zusammen, die verschiedene Erwartungshaltungen, Ziele und Wünsche repräsentieren. Ich sage Ihnen: „Sie haben Recht – und die Sache verhält sich noch komplizierter". Denn jede Rede, jede Argumentation und damit auch jede wertorientierte Argumentation stehen

- in einem personenspezifischen Kontext und
- in einem situationsspezifischen Kontext.

Aber – frei nach Schiller – es wächst der Redner mit seinen größeren Zwecken!

Was das genau bedeutet, möchte ich Ihnen an einem Beispiel verdeutlichen. Stellen Sie sich bitte vor, in einem Unternehmen sind sieben Projektmanager an einem Projekt beteiligt. Jeder Projektmanager verdient 50 Euro pro Stunde; das macht 350 Euro pro Stunde und 2.800 Euro am Tag, also 14.000 Euro in der Woche. Da die meisten Projekte länger als eine Woche dauern, können Sie sich vorstellen, dass ein hübsches Sümmchen zusammenkommt. Das Problem nun: Die Projektmanager reden – aus welchen Gründen auch immer – vollkommen aneinander vorbei, die Kommunikation klappt überhaupt nicht, das Projekt stagniert und droht zu scheitern. Die Lösung, die ich dem Unternehmen vorschlage: ein Kommunikationstraining für die sieben Projektmanager, das eine Woche dauert und 7.500 Euro kostet. Ich beschreibe den Verantwortlichen im Unternehmen also mein Kommunikationstraining, erläutere den konkreten Trainingsprozess, die Zielsetzung, die voraussichtlichen Ergebnisse. Natürlich: Helles Entsetzen: „Warum sollen wir weitere 7.500 Euro investieren, das Projekt kostet sowieso schon so viel Geld!" Das Kommunikationstraining wird also nicht gebucht. – Seien Sie versichert, dass ich dieses Beispiel zwar im Detail erfinde, es sich aber in deutschen Unternehmen Tag für Tag so und nicht anders verhält!

Was ich bei meiner Vorgehensweise in diesem Beispiel nicht berücksichtigt habe: die wertorientierte Argumentation. Das Kommunikationstraining kann noch so fantastisch sein – um es zu „verkaufen", muss ich den Beteiligten den Wert des Trainings für sie selbst und das Unternehmen aufzeigen und dabei die spezifische Situation des Unternehmens und die Belange der einzelnen Betroffenen bedenken. Konkret heißt das: Ich baue in meine Argumentationskette vor allem die konkrete Wertsteigerung ein, die das Kommunikationstraining mit sich bringt: die Investition von 7.500 Euro rentiert sich schnell, wenn ich schlüssig aufzeigen kann, dass das Unternehmen 14.000 Euro „in den Sand setzt", wenn es die Kommunikation zwischen den Projektmanagern nicht verbessert – und zwar pro Woche! Das eingesparte Geld kann das Unternehmen an anderer Stelle gewinnbringend einsetzen. Letztendlich „spart“ es viel Geld. In meiner weiteren Argumentation gehe ich dann personenspezifisch vor:

- Dem Entscheidungsträger im Unternehmen zeige ich auf, dass der Wert des Trainings für ihn darin besteht, sein Budget auf lange Sicht gesehen zu entlasten und das wichtige Projekt erfolgreich durchzuführen, wenn denn die Kommunikation zwischen den Projektmanagern erst einmal funktioniert.
- Die Projektmanager überzeuge ich mit dem Argument, dass ihre Arbeit effizienter, effektiver und damit auch für sie befriedigender verläuft.
- Die Mitarbeiter und den Personalchef überzeuge ich mit dem Argument, dass durch die Trainingsmaßnahme das Betriebsklima verbessert wird, weil positive Veränderungen auch auf der Beziehungsebene erreicht werden.
- Den Betriebsrat spreche ich mit dem Argument an, so Arbeitsplätze sichern zu können.

Ich mache also alle Betroffenen zu Beteiligten und lasse sie erkennen: das Kommunikationstraining hat für jeden Einzelnen und das Unternehmen insgesamt einen konkreten Wert. Jedes Argument ist so aufgebaut, dass auf Seiten der Beteiligten ein „inneres Ja“ entsteht. „Das ist ja Manipulation“, mögen Sie sagen. Stimmt. Aber wir manipulieren ständig, wenn wir Menschen überzeugen wollen. In dem dargestellten Beispiel beziehe ich die individuelle Situation der beteiligten Personen ein und berücksichtige strikt den Kontext, in dem mein Angebot, das Training, steht. Diese Technik möchte ich mit einem anderen Beispiel verdeutlichen. Stellen Sie sich vor, jemand möchte Ihnen eine Flasche Mineralwasser für 250 Euro verkaufen. Er verbindet diesen hohen Preis mit der Behauptung, die Flasche Mineralwasser würde Ihnen gleich das Leben retten. Er benutzt folgende Argumente:

- die Flasche ist aus Glas,
- hat einen Drehverschluss,

- das Wasser ist natriumarm und
- hat wenig Kohlensäure.

Würden Sie die 250 Euro für die Flasche Mineralwasser ausgeben? Vielleicht halten Sie das Argument, das Wasser könne Ihnen das Leben retten, für baren Unfug? Vermutlich könnten Sie mit Ihrem Geld etwas Besseres anfangen, denn es besteht bei Ihnen kein Bedürfnis, das dem Wasser einen Wert von 250 Euro geben könnte. Ich vermute, dass Sie unter diesen Umständen auf keinen Fall bereit wären, diese Summe zu investieren, um die Flasche Mineralwasser zu erwerben.

Nun stellen Sie sich bitte folgende Situation vor (hoffentlich geraten Sie nicht wirklich einmal in eine solche Lage!): Sie sind auf einem anstrengenden Marsch durch die Wüste, Ihnen ist das Wasser ausgegangen. Sie leiden entsetzlichen Durst. Da kommt eine Karawane vorbei und ein Nomade bietet Ihnen eine Flasche Mineralwasser an. Preis: 250 Euro. Sie wissen, ohne das Wasser könnten Sie nicht überleben – ist Ihnen der Preis noch immer zu hoch? Wie entscheiden Sie sich jetzt? Vermutlich würden Sie auf die Argumente, die Flasche sei aus Glas, habe einen Drehverschluss und das Wasser sei natriumarm und habe wenig Kohlensäure, nicht einmal hören.

Der Unterschied zur ersten Situation besteht darin, dass Sie dieses Mal ein wichtiges Bedürfnis haben (nämlich zu überleben). Und dieses Bedürfnis verleiht dem Wasser einen immens hohen Wert, für den Sie bereit sind, einen ebenso immens hohen Preis zu bezahlen. Entscheidend sind also nicht mehr die Fakten, die Merkmale der Flasche, auch nicht die besonderen Vorteile, die Ihnen die Flasche bietet, sondern ein Nutzen und Wert, der Ihnen in dieser konkreten Situation durch die Flasche geboten wird.

Und nun stellen Sie sich vor, Sie hätten diese Situation in der Wüste überlebt. Die leere Mineralwasserflasche haben Sie als Erinnerung mit heimgenommen. Zu Hause zeigen Sie die leere Flasche und erklären Angehörigen und Freunden, dass diese Flasche Ihnen das Leben gerettet hat – ohne die näheren Umstände zu erläutern. Was glauben Sie, würden die Zuhörer wohl denken?

Das Prinzip der **wertorientierten Argumentation** umfasst also immer drei Aspekte:

1. den Fakt oder das Merkmal: Bei der wertorientierten Argumentation müssen Sie genau den Fakt oder das Merkmal beschreiben und genau erklären, um was es sich handelt. Im Mittelpunkt stehen die äußeren Merkmale und Eigenschaften – in unseren Beispielen sind es die Flasche mit dem Mineralwasser und das Kommunikationstraining.

2. den Vorteil – oder das Besondere: In unserem Beispiel beschreibe ich, was das Besondere an Flasche und Mineralwasser ist. Die Flasche ist aus Glas, hat einen Drehverschluss und enthält natriumarmes Mineralwasser mit wenig Kohlensäure. Das Training verbessert die Kommunikation zwischen den Projektleitern.

3. den Wert – auch Nutzen genannt: Der Wert der Flasche Mineralwasser resultiert aus der Möglichkeit, Ihr Leben zu erhalten. In der Wüste ist dieser Wert sofort einsehbar, in unserem westeuropäischen Umfeld kann dieser Nutzen bei einem Preis von 250 Euro schon mal weniger wert sein. Den Wert des Trainings habe ich Ihnen oben ausführlich beschrieben.

Den Wert eines Gegenstands beurteilen unterschiedliche Menschen unterschiedlich und sehr subjektiv. Die Frage ist nämlich nicht: „Was ist es wert?“, sondern: „Was ist es **mir** wert?“ Um zu verdeutlichen, wie dies mit Hilfe der „wertorientierten Argumentation“ funktioniert, benutze ich in meinen Trainings eine Transportrolle, in der ich vorbereitete Flipchart-Blätter und Pinnwand-Plakate transportiere. Dann erkläre ich den Teilnehmern im ersten Schritt, dass diese Transportrolle „meine Spardose“ sei und in dieser Spardose 20.000 Euro verborgen seien. Im zweiten Schritt erläutere ich, welches die wesentlichen „technischen Merkmale“ sind: Tragegurt, Deckel, 20 cm Durchmesser, Kunstlederbezug, Hartpappe, rund! Gewöhnlich frage ich dann, ob einer der Teilnehmer für diese Rolle jetzt 300 Euro ausgeben würde.

Die Nutzenkette – oder: Wertorientiert argumentieren

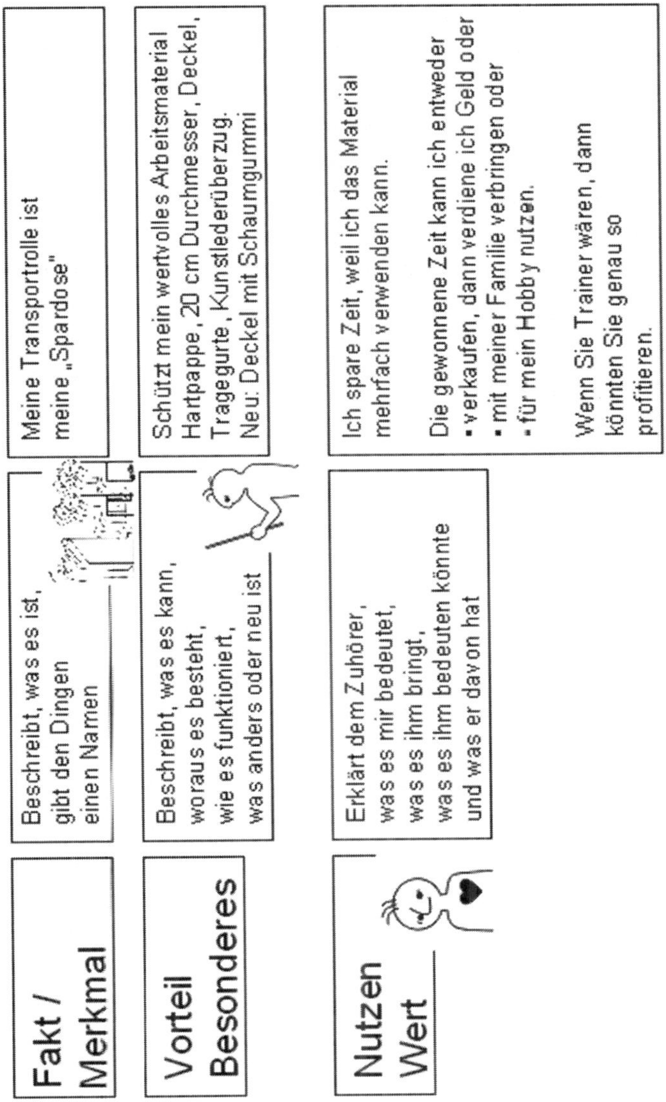

Ebenso gewöhnlich verneinen dies alle Teilnehmer. Also erkläre ich im dritten Schritt, dass früher meine Plakate sehr schnell zerknittert waren und ich viel Zeit aufgewendet habe, um sie für jedes Training neu zu gestalten. Jetzt, da ich sie in der Rolle transportiere, könne ich sie sehr oft benutzen. Die gewonnene Zeit kann ich verkaufen, und wer meinen Tagessatz kennt ... Zum Schluss frage ich in die Runde: „Und nun stellen Sie sich einmal vor, Sie wären wie ich Trainer. Würden Sie nun 300 Euro für solch eine Rolle ausgeben?“ Die meisten würden!

Wertorientierte Argumentation ist die Grundlage eines jeden Verkaufsgesprächs. Je mehr es mir gelingt, dem Zuhörer zu vermitteln, welchen Wert meine Gedanken für ihn haben, desto größer sind die Verkaufschancen. Dabei ist es gleichgültig, ob ich in der Wüste Mineralwasser verkaufe oder eine Produktidee. Wichtig ist, dass der Empfänger für sich den Wert erkennt. Und schließlich: Es ist gleich, in welcher Reihenfolge Sie die drei Elemente „Merkmal“ – „Besonderes“ – „Wert“ benutzen. Wichtig ist nur, dass alle drei Elemente in einer Argumentationsstruktur vorhanden sind. Die Abbildung auf S. 103 verdeutlicht das Prinzip der wertorientierten Argumentation nochmals an dem Beispiel meiner „Spardose“.

5.2 Die Fünf-Satz-Technik

Die wertorientierte Argumentation bildet den „Überbau“ einer gelungenen Rede, die konkrete Technik, wie Sie Ihre Argumente zuhörerorientiert „rüberbringen“, steht Ihnen mit der Fünf-Satz-Technik zur Verfügung. Rhetorik ist die Kunst, Menschen zum Zuhören zu bewegen – damit Menschen zuhören, müssen Sie als Redner Ihrer Rede einen roten Faden unterlegen, an dem sich die Teilnehmer beim Zuhören orientieren können.

Im Folgenden möchte ich Ihnen zeigen, wie Sie die Botschaft Ihrer Rede in wenigen logisch aufeinander abgestimmten Sätzen zusammenfassen können. Ich stütze mich dabei auf Helmut Geißner, der als Begründer der „Fünf-Satz-Technik“ gilt und sich intensiv mit der Frage beschäftigt hat, wie Aussagen durch einfache Formulierungsgerüste eindringlich an den Empfänger übermittelt werden können.

Gehen Sie bitte davon aus, Sie hätten für Ihre Rede nur fünf Sätze zur Verfügung, Ihre Botschaft zu formulieren. Unmöglich? Keineswegs, wenn Sie:

- bereit sind, zunächst einmal das Unwesentliche vom Wesentlichen zu trennen!
- bereit sind, Ihre Gedanken wirklich zu konzentrieren und Ihre Zuhörer in den Mittelpunkt zu stellen!

Die Fünf-Satz-Technik bietet Ihnen die Möglichkeit, Ihren roten Faden so zu spinnen und die Aufmerksamkeit Ihrer Zuhörer so zu leiten, dass Sie Ihre Botschaft zielsicher „auf den Punkt“ bringen können. Sie bietet zudem weitere Vorteile:

- mit der Fünf-Satz-Technik vermeiden Sie unschöne Wiederholungen (Redundanzen) und
- die Fünf-Satz-Technik hilft Ihnen, Unschärfen in Ihrer Argumentation auf die Spur zu kommen und sie von vornherein auszuschließen.

Wie der Name schon sagt, kommt es bei der Fünf-Satz-Technik darauf an, fünf Sätze logisch anzuordnen (oder besser: fünf Argumentationsabschnitte, das heißt, ein „Satz“ kann aus mehreren Untersätzen bestehen). Der erste der fünf Sätze dient dem Einstieg. In ihm erklären Sie, um was es im Folgenden geht. In drei weiteren Sätzen (Satz zwei bis vier) kommen Sie durch die Techniken der Gegenüberstellung, der Ausklammerung, der logischen Schlussfolgerung, der Wiedergabe der verschiedenen Argumente und so weiter zu einem Ergebnis. Der fünfte Satz schließlich formuliert dann die konkrete Folgerung, die Sie hinsichtlich der in Satz eins genannten Situation ziehen.

Wie sich die fünf Sätze zu einer schlüssigen Argumentation anordnen lassen, zeigen Ihnen die folgenden sieben Beispielskizzen. Dabei habe ich aus der Vielzahl der theoretisch möglichen Anordnungen nur die ausgewählt, die klar auf ein Ziel hinführen. Der letzte Satz übernimmt dabei stets die Funktion der Botschaft.

Tipp:

Gestalten Sie Ihren Vortrag mit Hilfe der Fünf-Satz-Skizze zunächst grafisch. Mit Hilfe dieser Grafik können Sie besser als mit einer schriftlichen Vorbereitung erkennen, in welchen Beziehungen die einzelnen Gedanken zueinander stehen.

Beispiel 1: Aufsatzplan

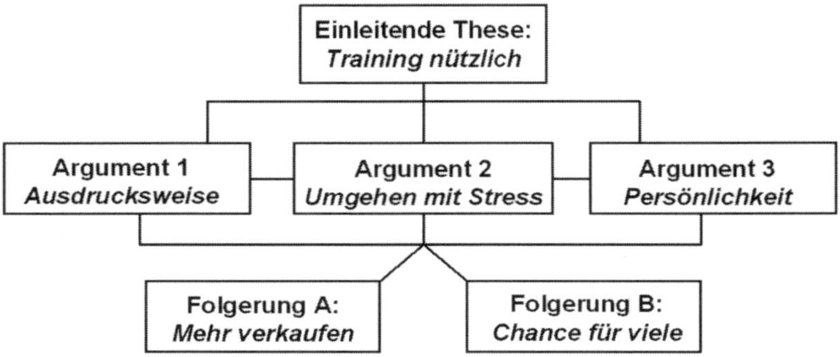

Die generelle Botschaft lautet: „Rhetoriktrainings sind nützlich." Diese Botschaft wird hier mit Hilfe des Aufsatzplans gestützt. Dabei wird die einleitende These durch drei Argumente unterstützt und in eine Folgerung überführt, die die These bestätigt.

Satz eins: Nachdem ich nun ein Rhetoriktraining besucht habe, bewerte ich Rhetoriktrainings für viele meiner Kolleginnen und Kollegen als sehr nützlich. (einleitende These)

Satz zwei: In meinem Rhetoriktraining habe ich gelernt, wie ich Schwächen in der mündlichen Ausdrucksweise, die mir nicht bewusst sind, überwinden kann. (Argument 1: Ausdrucksweise)

Satz drei: Darüber hinaus habe ich Möglichkeiten kennen gelernt, wie ich mit Stress und Lampenfieber konstruktiver umgehen kann. (Argument 2: Umgehen mit Stress)

Satz vier: Ganz überraschend war für mich, dass ich gleichzeitig auch noch etwas für mich und die Entwicklung meiner Persönlichkeit getan habe. (Argument 3: Persönlichkeitsentwicklung)

Satz fünf A: Mir hat das Rhetoriktraining, auf dem ich gewesen bin, viele persönliche wie auch berufliche Vorteile gebracht. Deshalb bin ich sehr dafür, dass möglichst viele Menschen ebenfalls die Chance erhalten, von solchen Trainings zu profitieren! (Botschaft, die sich vielleicht an Personalentwickler richtet)

Satz fünf B (Alternative): Mein Rhetoriktraining, auf dem ich war, hat meiner Firma viele Vorteile gebracht. Ich brauche weniger Zeit, um meine Gedanken zu ordnen, komme bei meinen Geschäftspartnern besser an und verkaufe viel mehr als früher. Deshalb bin ich sehr dafür, dass möglichst viele Menschen, die ähnliche Aufgaben erfüllen wie ich, ebenfalls die Chance erhalten, die Firma von solchen Trainings profitieren zu lassen! (Botschaft, die sich eher an Kosten- und Erlösverantwortliche richtet)

Beispiel 2: Kette

Bei der Kette stehen die einzelnen Argumente in streng chronologischer oder logischer Abfolge. Das Folgeargument baut auf dem vorherigen Argument auf. Wichtig dabei ist, dass die Zuhörer dem vorherigen Argument zugestimmt haben (also mit einem „Inneren Ja“)! Die Botschaft in der folgenden Argumentationskette heißt: „Verkäufer brauchen Training!“.

Satz eins: Im nächsten Jahr müssen wir das Verkäufertraining wieder intensivieren und deshalb mehr Argumentations- und Präsentationstrainings durchführen.

Satz zwei: Stellen Sie sich einmal vor, was passieren würde, wenn wir unsere Verkäufer ohne **fachliche** Qualifikation auf unsere Kunden loslassen würden. Eine Katastrophe – undenkbar!

Satz drei: Und nun stellen Sie sich einmal einen fachlich gut ausgebildeten Menschen vor, der beim Anblick der Kunden vor lauter Stress ins Stottern gerät oder unsere großartigen Produkte ohne jegliche rhetorische Fähigkeiten anbietet? Eine Katastrophe – undenkbar!

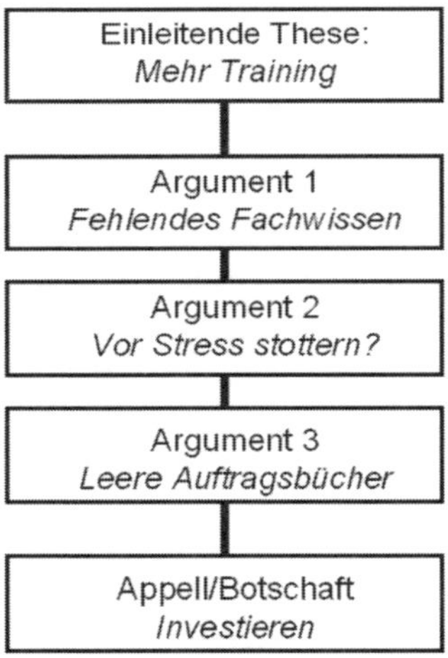

Satz vier: Wenn wir, wie in den vergangenen Jahren, die Ausbildung unserer Verkäufer **vernachlässigen**, dann wird es nicht lange dauern, bis sie mit leeren Auftragsbüchern heimkommen, unsere Werker vor leeren Maschinen stehen und unsere Buchhalter sich nur noch mit roten Zahlen beschäftigen.

Satz fünf: Mir scheint, der bessere Weg ist, trotz unserer – zugegeben angespannten – Budgetsituation gerade in den Verkauf und damit in die Verkaufsrhetorik zu investieren, damit wir auch künftig alle genug zu tun haben!

Beispiel 3: These und Gegenthese

Diese Technik heißt auch „dialektische Fünf-Satz-Technik“. Das Wesen dieser Technik besteht darin, dass zwei gleichwertige aber miteinander konkurrierende Standpunkte herausgearbeitet und gegenübergestellt werden. Am Ende steht ein Kompromissvorschlag, der wesentliche Teile der beiden zunächst gegensätzlichen Standpunkte berücksichtigt. In diesem Beispiel lautet die Botschaft: „Training gezielt durchführen und die knappen Mittel schonen!“

Satz eins: Wir haben jetzt eine Reihe von Argumenten gehört, die für und gegen das Trainingsbudget im nächsten Jahr sprechen. Es liegt nun an uns zu entscheiden, wie wir vorgehen wollen. (Hinführung)

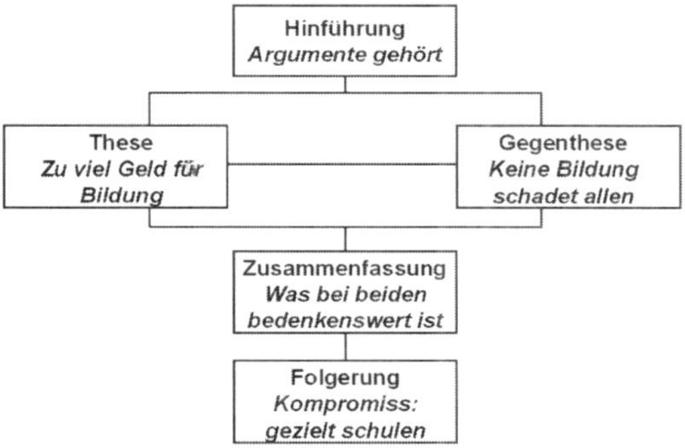

Satz zwei: Herr Maier vom Controlling hat uns mit seinem Zahlenwerk eindrucksvoll belegt, wie teuer uns die Weiterbildung unserer Mitarbeiterinnen und Mitarbeiter im ablaufenden Jahr gekommen ist. Er stellt die Frage, ob dieser Aufwand gerechtfertigt ist und verbindet damit den Antrag, das Weiterbildungsbudget im nächsten Geschäftsjahr auszusetzen. (These)

Satz drei: Unser Personalentwickler, Herr Bläser, hat uns dagegen mit eindringlichen Worten vor Augen gehalten, welche negativen Folgen es für unser Unternehmen hätte, wenn wir das Trainingsbudget streichen und auf die Weiterbildung unserer Kolleginnen und Kollegen verzichten würden. (Gegenthese)

Satz vier: Wenn ich mir beide Ansichten anschaue, dann kann ich mich sowohl den Kostenargumenten von Herrn Maier, wie auch den „Verblödungsargumenten“ von Herrn Bläser anschließen. Beide Argumente haben etwas, was ich gut nachvollziehen kann, und ich will weder das eine noch das andere. (Folgerung)

Satz fünf: Deshalb schlage ich vor, das Geld für die notwendigen Schulungsmaßnahmen bereitzustellen und dort zu sparen, wo Trainingsmaßnahmen eher Urlaubsveranstaltungen gleichzusetzen sind. (Zielsatz/Kompromiss)

Beispiel 4: Mediationstechnik

Die Mediationstechnik unterscheidet sich auf den ersten Blick nur wenig von der dialektischen Technik. Der entscheidende Unterschied besteht jedoch darin, dass der Redner keine eigenen inhaltlichen Absichten verfolgt, sondern lediglich will, dass eine möglicherweise verfahrene Diskussion neue Impulse erhält. Analog zur Mediation in der Verhandlungsführung und im Konfliktmanagement tritt der Redner als „Mediator" auf, also als neutraler und vermittelnder Dritter. In der Mediationstechnik gibt es demnach keine auf das Ziel gerichtete Hinführung. Stattdessen werden zwei Argumente gleichrangig und ohne Kommentierung des Redners nebeneinander gestellt, zusammengefasst und zu einem Vorschlag verarbeitet. Die Mediationstechnik setzt voraus, dass der Redner die Argumente der verschiedenen Partner oder Gruppen genau gehört, verstanden und hinterfragt hat. Der Kompromissvorschlag bietet die Möglichkeit, die Diskussion in eine neue Richtung zu lenken, ohne dass die Gesprächspartner sich übergangen oder missachtet fühlen. Die Botschaft in unserem Beispiel lautet: „Setzen Sie sich zusammen und finden Sie eine gemeinsame Lösung!"

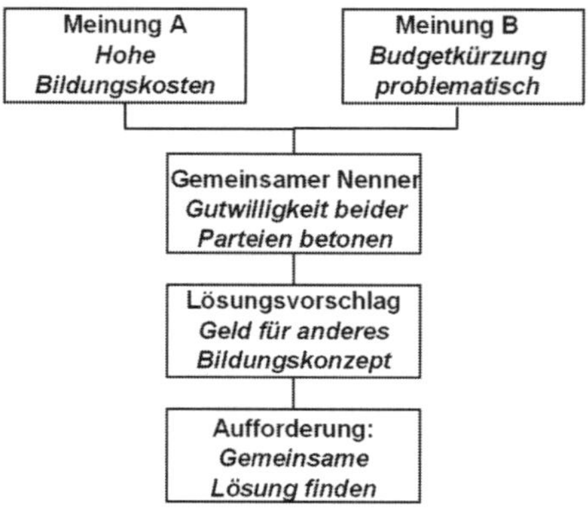

Satz eins (Meinung A): Wir haben zwei Meinungen. Der Controller sagt, dass die Kosten für die betriebliche Weiterbildung im letzten Jahr sehr hoch gewesen sind und es deshalb einen Sinn gibt, diese Kosten einmal in Frage zu stellen. Stimmt das so? (Zustimmungsfrage an Controller)

Satz zwei (Meinung B): Die Kollegen der Personalentwicklung argumentieren, dass gerade in der heutigen schnelllebigen Zeit gut ausgebildete Mitarbeiterinnen und Mitarbeiter für das Bestehen des Unternehmens unbedingt erforderlich sind. Deshalb halten sie eine Kürzung des Bildungsbudgets für sehr problematisch – habe ich Sie richtig wiedergegeben? (Zustimmungsfrage an das Personalwesen)

Satz drei: Wenn ich beide Parteien richtig verstehe, dann geht es weder um eine vollständige Streichung des Bildungsbudgets, noch darum, sich jedem Gedanken um ein kostengünstigeres Trainingsverhalten zu verschließen. (Formulierung des gemeinsamen Nenners, wobei beiden Parteien Gutwilligkeit zugestanden wird)

Satz vier: Vielleicht liegt die Lösung darin, ein Trainingskonzept zu finden, das effektiv ist und doch auf lange Sicht auch das Budget entlastet. (Lösungsvorschlag auf der Grundlage des gemeinsamen Nenners)

Satz fünf: Ich schlage deshalb vor, dass sich Controlling und Personalwesen zusammensetzen und zunächst einmal gemeinsam die erforderlichen Trainingsmaßnahmen besprechen und dann eine Entscheidung über das Geld treffen. (Folgerung und Handlungsaufforderung)

Beispiel 5: Debattentechnik

Oft geht es in Debatten alles andere als fair zu. Die Meinung anderer oder eines anderen (Redners) wird als ungültig, unfair oder falsch bewertet und durch die darauf folgende Argumentation abgewertet. Ich rate Ihnen, die Debattentechnik sparsam und vor allem nur dann einzusetzen, wenn Sie bewusst polarisieren wollen. In unserem Beispiel heißt die Botschaft: „Controller stemmen sich gegen den Fortschritt!“

Satz eins: Unser geschätzter Controller hat wieder einmal die Kosten für die Weiterbildung unserer Mitarbeiterinnen und Mitarbeiter als Spielwiese für seine Einsparungsüberlegungen entdeckt und behauptet, unser Unternehmen würde sich zu Tode lernen. („ungültige“ Meinung)

Satz zwei: Dem kann und will ich auch im jetzt fünften Jahr nicht zustimmen, denn bekanntlich werden Unwahrheiten nicht wahrer, wenn sie ständig wiederholt werden. Ich meine: Bildung ist preisgünstiger als Dummheit. („gültige" Meinung als Gegenbehauptung)

Satz drei: Erstens: Wenn wir unqualifizierte Mitarbeiterinnen und Mitarbeiter in unserem Laden haben, die mit Technologien nicht allzu gut umgehen können, dann werden wir unsere technologische Aufholjagd nicht fortsetzen können, sondern bald wieder in die Kreisklasse absteigen – wer von Ihnen will das wirklich verantworten? (erstes Gegenargument)

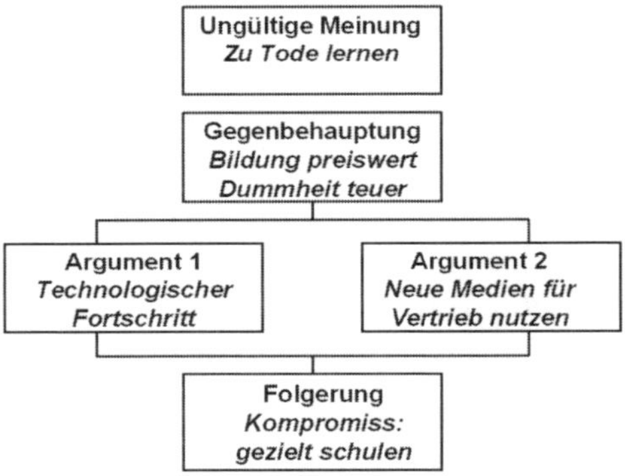

Satz vier: Zweitens: Gerade zur Zeit drängen immer neue elektronische Medien auf den Markt, die sich hervorragend für Akquisition und Verkauf eignen. Wenn wir darauf niemanden ausbilden, dann werden uns bald nur noch Insider kennen, und uns gehen Märkte und Kunden verloren, die wir gerade erst gewonnen haben – wer von Ihnen will das wirklich verantworten? (zweites Gegenargument)

Satz fünf: Ich halte es daher für notwendig, dass wir gerade in dieser Zeit der Veränderung, in der es gilt, einen neuen Vorsprung herauszuarbeiten, in die Ausbildung investieren. Um mit Kennedy zu sprechen: Nichts ist teurer als Ausbildung, ausgenommen Dummheit. Will wirklich jemand von Ihnen sich den Vorwurf gefallen lassen, nicht genug für den Fortschritt getan zu haben? (als Folgerung aus den Gegenargumenten)

Bei dieser Fünf-Satz-Dramaturgie habe ich zudem die Technik der „Epipher" benutzt, indem ich das Argument der Selbstverantwortung („... wer von Ihnen will das wirklich verantworten?") zum Ende eines Satzes wiederholt habe, um so diesem Argument ein stärkeres Gewicht zu verleihen. Ferner habe ich durch die Frage: „Wer von Ihnen will das verantworten?" die Technik der rhetorischen Frage eingesetzt, die dazu führen soll, dass jeder Angesprochene innerlich mit: „Nein, das will ich nicht!" antwortet.

Beispiel 6: Ausklammerung

Ähnlich wie bei der Debattentechnik wird bei der Ausklammerung eine Meinung beiseite geschoben, obgleich sie entweder allgemein oder in der konkreten Diskussion bislang vorherrscht. Der Redner bewertet die Meinung, die er nicht verfolgt, negativ. Die Techniken, die hier angewendet werden können, sind:

- die Überbewertung („Lassen Sie uns die Zahlen doch nicht überbewerten. In Wirklichkeit ist ...."),
- die Provokation („Sie sollten daran denken, Unwahrheiten werden nicht wahrer, indem man sie pausenlos wiederholt ..."),
- die Infragestellung („Ich weiß nicht, woher Sie diese Zahlen haben, ich halte sie für aus der Luft gegriffen!") und
- die Abwertung („Die Meinung, die Sie da vertreten, ist schlicht falsch!").

Anschließend werden dann nur noch Argumente geliefert, die in die Richtung führen, die der Redner favorisiert. Dabei nutzt er den Überraschungseffekt aus, den seine plötzliche Richtungsänderung für die Diskussion bedeutet. In dem Beispiel lautet die Botschaft: „Ohne erfolgreichen Vertrieb keine erfolgreichen Zahlen!".

Satz eins: Wir reden jetzt schon eine ganze Weile darüber, wie wir unser Unternehmen auf die Herausforderungen der Zukunft vorbereiten können. (Feststellung)

Satz zwei: Merkwürdigerweise drehte sich dabei die Diskussion die ganze Zeit bislang nur darum, woher wir das Geld dafür bekommen und wie wir es an den unpassendsten Stellen einsparen können – nur um auf das Bildungsbudget für den Vertrieb hinzuweisen. (provokative Behauptung)

Satz drei: Ich meine, bevor wir darüber nachdenken, wie und wo wir Gelder einsparen, sollten wir darüber nachdenken, wo wir das Geld herbekommen und wer es uns beschafft – denken wir über einen effektiveren Vertrieb nach. (Argument für die Ausklammerung)

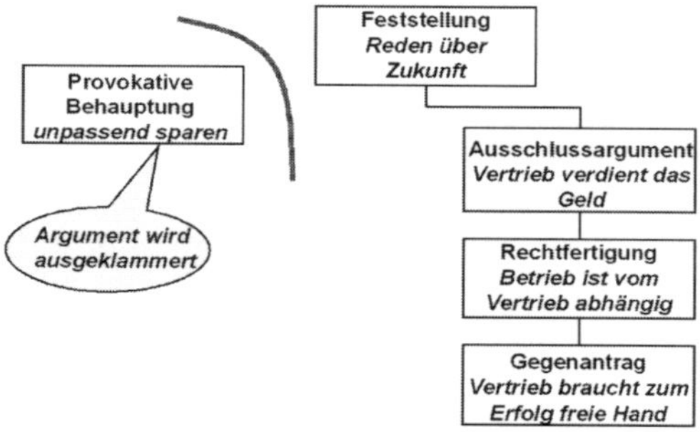

Satz vier: Wenn man es genau nimmt, dann ist doch das ganze Unternehmen von der Leistungsfähigkeit des Vertriebes abhängig, daran sollten vor allem jene denken, die hier so nassforsch in einem Bereich rumstreichen, von dem sie keine Ahnung haben! (Rechtfertigung für die Ausklammerung)

Satz fünf: Ich stelle daher den Antrag, dem Vertrieb rasch die finanziellen Spielräume zu bieten – insbesondere im Bereich der Vertriebsschulung –, die er braucht, um seine Aufgabe für den Erhalt und Ausbau unseres Unternehmens wahrzunehmen. (Gegenantrag)

Beispiel 7: Schwacher Vergleich

Eigentlich wird beim schwachen Vergleich nicht wirklich verglichen. Vielmehr geht es dem Redner darum, zwei Standpunkte und ihre jeweilige Argumentation in einem faden Licht erscheinen zu lassen, um dem Publikum dadurch den Einstieg in die eigene und vielleicht neue Argumentation zu ermöglichen. Die Botschaft in diesem Beispiel lautet: „Darüber nachdenken, was Lernen ist, dann entscheiden."

Satz eins: Der Controller vertritt die Meinung, dass im nun zu verabschiedenden Budget die Kosten für Weiterbildungsmaßnahmen drastisch gesenkt werden sollten. (Standpunkt 1)

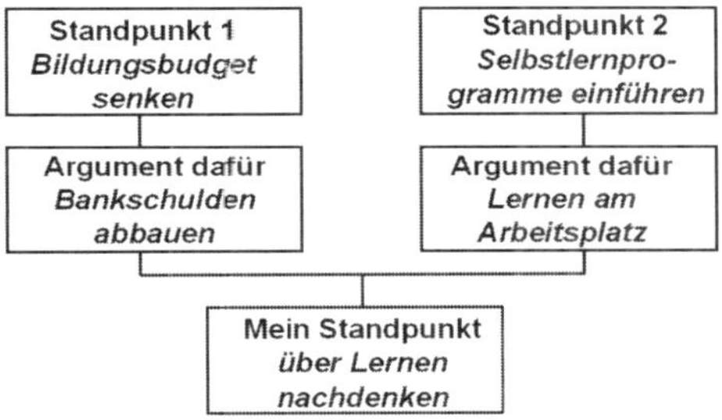

Satz zwei: Er begründet das damit, dass wir dieses Geld benötigen, um unsere Bankschulden, die durch die Zukunftsinvestitionen leider aufgelaufen sind, zu reduzieren. (Begründung für Standpunkt 1)

Satz drei: Von Seiten der EDV-Abteilung höre ich, dass man zwar dem Vorschlag des Controllings widerspricht, aber doch für die Einführung kostengünstigerer Bildungsmedien wirbt, wie etwa Selbstlernprogramme. (Standpunkt 2)

Satz vier: Die Kollegen von der EDV begründen ihre Meinung damit, dass nahezu jedes moderne EDV-Programm selbsterklärend ist und alle EDV-Mitarbeiter sich die Software so selbst beibringen können. So lernen sie am Arbeitsplatz. (Begründung für Standpunkt 2)

Satz fünf: Für mich haben beide Standpunkte zwar einen gewissen Charme, aber ich möchte mich dennoch keinem der Standpunkte anschließen. Vielmehr möchte ich Sie anregen, über das Lernen grundsätzlich nachzudenken und dann eine Entscheidung darüber zu treffen, wie und in welchem Maße das Budget für Weiterbildung im nächsten Jahr eingesetzt wird. (eigener gegensätzlicher Standpunkt wird eingeleitet)

Der schwache Vergleich bietet im weiteren Verlauf der Rede die Möglichkeit, die eigenen Gedanken mit einer neuen Gedankenkette im Sinne der Fünf-Satz-Technik zu unterstreichen.

In ihrer knappsten Form, wie sie auf den vorherigen Seiten skizziert worden sind, können Sie Fünf-Satz-Pläne bei jeder Diskussion oder Argumentation verwenden. Bei kurzen Vorträgen, Präsentationen oder Beiträgen zu Debatten ist es möglich, die Skizze eines Fünf-Satz-Planes als Manuskript zu benutzen.

Übung zur Fünf-Satz-Technik

Bitte üben Sie sich in der Fünf-Satz-Technik. Suchen Sie sich eine „Botschaft", die aus Ihrem beruflichen Umfeld stammt und versuchen Sie, eine oder mehrere der sieben genannten Varianten der Fünf-Satz-Technik darauf anzuwenden.

Erweiterung der Fünf-Satz-Technik

Die Fünf-Satz-Technik, einschließlich der Redeskizzen, eignet sich auch sehr gut als Gliederungsmuster für längere Reden. Dafür möchte ich Ihnen gerne ein Beispiel (S. 117) nennen, das Sie unschwer als „Kette" identifizieren werden. Und so könnte dann die entsprechend ausgearbeitete Rede lauten:

Standpunkt:

Ich meine, der Vorschlag von Herrn Müller, keine Verkaufs- und Präsentationstrainings für unsere neu eingestellten Verkäufer anzubieten, ist bedenklich und wenig förderlich für unser Unternehmen. Ich bin vielmehr davon überzeugt, dass diese Trainingsmaßnahmen unverzichtbar sind – auch wenn sie auf den ersten Blick teuer erscheinen.

Argumente für Standpunkt:

Unser Stolz sind unsere qualitativ hochwertigen Produkte, mit denen wir uns auf dem Markt den guten Namen eines verlässlichen Partners geschaffen haben. Diese Produkte waren auch deshalb so erfolgreich, weil sie von erstklassig ausgebildeten und hoch motivierten Vertriebsmitarbeitern verkauft worden sind. Unsere Außendienstmitarbeiter

Erweiterung der Fünf-Satz-Technik

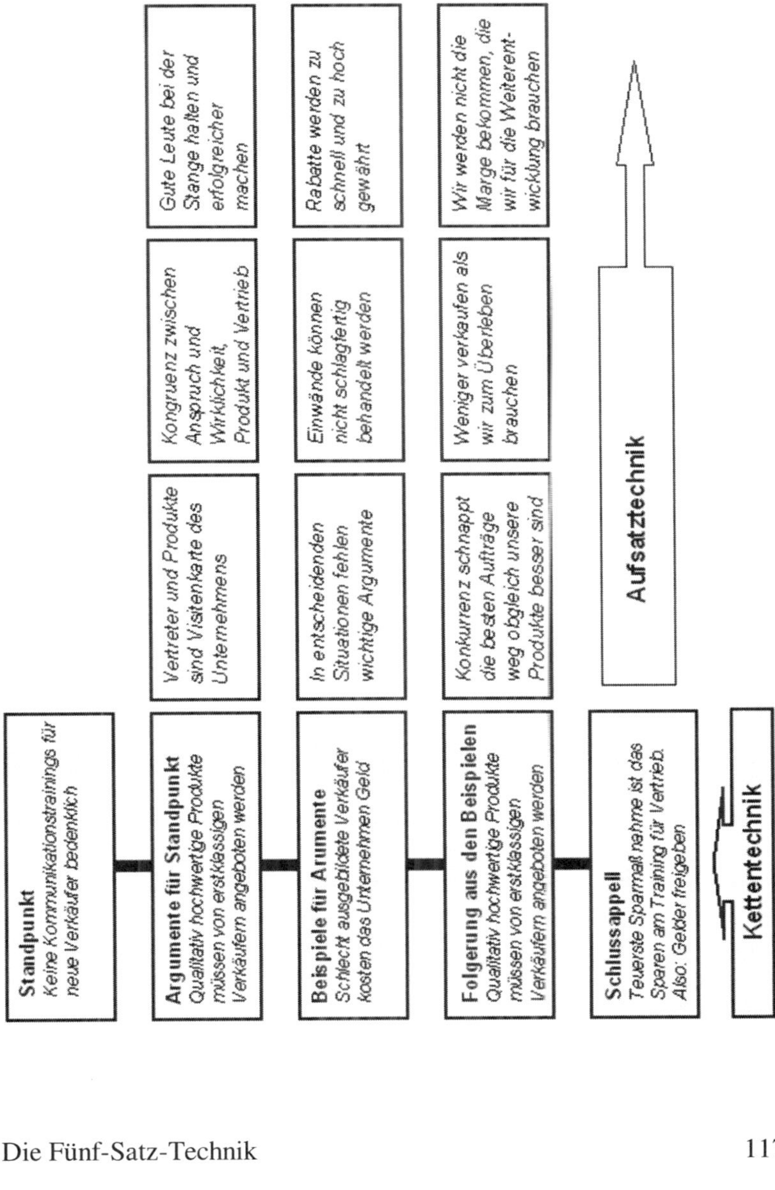

sind unser direkter Kontakt zum Kunden. So wie sie auftreten, so werden wir gesehen. Sie sind quasi nach außen die Visitenkarte dieses Unternehmens. Und auf dieser Visitenkarte steht „Qualität“! Ein Mensch ist glaubwürdig, wenn er kongruent auftritt. Das heißt, wenn sein Denken, sein Reden und sein Handeln sichtbar übereinstimmen. Ähnlich verhält es sich mit einem Unternehmen. Ein Unternehmen wird glaubwürdig, wenn Leistung und Qualität der Produkte erkennbar mit Leistung und Qualität der Mitarbeiter übereinstimmen – was besonders für den Vertrieb gilt, der ja den Kontakt zum Kunden herstellt. Unser Wettbewerb ist hellwach! Er hat schon lange das eine oder andere Auge auf unsere Leute geworfen. Ich könnte es nicht verantworten, wenn unsere Leute eines Tages den Wettbewerb stark machen, weil wir ihnen Entwicklungsmöglichkeiten verweigert haben.

Beispiele für Argumente:

Ich weiß nicht, ob sich die Befürworter der Einsparungen je darüber Gedanken gemacht haben, wie viel schlecht ausgebildete Vertriebsmitarbeiter dem Unternehmen schaden können. Stellen Sie sich einmal folgende Situation in einem Verkaufsgespräch vor: Der Kunde fragt nach einem Detail, das ihm beim Wettbewerbsprodukt positiv aufgefallen ist und über das unser Produkt nicht verfügt. Nun fehlt dem schlecht ausgebildeten Verkäufer das erforderliche Argument. Die Folge: Auftrag und Umsatz sind weg! Oder: Ein Kunde hat einen Einwand, den ein routinierter Verkäufer, der sich auf Einwände versteht, mit einem Lächeln oder einer Einwandtechnik aus dem Weg räumt. Der schlecht ausgebildete Vertriebsmitarbeiter gerät in Hektik, wird unruhig, der Kunde merkt es und sieht sich in seinem Einwand bestärkt. Die Folge: Auftrag und Umsatz sind weg! Oder: Der Einkäufer beginnt mit den Preisverhandlungen. Rabattpunkt für Rabattpunkt gibt unser Verkäufer nach – solange, bis von der Marge nicht mehr viel übrigbleibt. Folge: Keine Gewinne, trotz Umsatz.

Folgerung aus den Beispielen:

Was folgt aus diesen Beispielen? Die Konkurrenz schnappt uns die besten Aufträge weg, obgleich wir die besseren Produkte haben. Wir verkaufen weniger, als wir könnten und zum Leben brauchen, und wir verkaufen nicht zu den Margen, die wir benötigen, um unser Geschäft weiterzuentwickeln.

Schlussappell:

Ich meine: Die schlechteste aller Sparmaßnahmen, die wir zur Zeit angehen können, ist die, unsere jungen und engagierten Verkäufer mit schlechtem Rüstzeug zum Kunden zu schicken. Training muss sein, Vertriebstraining muss sein, diese Investition muss sein. Deshalb: Geben Sie die Gelder für Vertriebstrainings frei!

Durch Redefiguren die Fünf-Satz-Technik verschönern

Die Fünf-Satz-Technik bietet wirklich tolle Möglichkeiten. Sie ist die Basis für eine gelungene Argumentation. Dennoch ist sie nicht alles, nur eine gute Hilfe. Verstärkt wird die Argumentation mit der Fünf-Satz-Technik durch den gezielten Einsatz von drei Redefiguren, nämlich: Anapher, Epipher und Anadiplose.

Bei der **Anapher** wird der Anfang eines Satzes am Anfang des nachfolgenden Satzes wiederholt. Nehmen wir einmal das Beispiel 1 des „Aufsatzplanes" aus der Fünf-Satz-Technik und bauen wir eine Anapher ein:

Satz eins: Nachdem ich nun ein Rhetoriktraining besucht habe, bewerte ich Rhetoriktrainings für viele meiner Kolleginnen und Kollegen als sehr nützlich. (einleitende These)

Satz zwei: *Im Training habe ich* erfahren, wie ich Schwächen in der mündlichen Ausdrucksweise überwinden kann. (Argument 1: Ausdrucksweise)

Satz drei: *Im Training habe ich* gelernt, wie ich mit Stress und Lampenfieber konstruktiver umgehen kann. (Argument 2: Umgehen mit Stress)

Satz vier: *Im Training habe ich* ganz nebenbei etwas für mich und die Entwicklung meiner Persönlichkeit getan. (Argument 3: Persönlichkeitsentwicklung)

Satz fünf: Mir hat das Rhetoriktraining, auf dem ich gewesen bin, viele persönliche und auch berufliche Vorteile gebracht. Deshalb bin ich sehr dafür, dass möglichst viele Menschen ebenfalls die Chance erhalten, von solchen Trainings zu profitieren!

Oder ein anderes Beispiel. Auf die Frage, ob das **Training** denn nun tatsächlich lediglich der erwartete Kurzurlaub gewesen sei, kann die Antwort mit Hilfe der Anapher sehr viel eindringlicher formuliert werden: „Wenn man das Kurzurlaub nennen kann: *Arbeit* vor dem Frühstück. *Arbeit* am Vormittag. *Arbeit* in der Mittagspause. *Arbeit* am Nachmittag. *Arbeit* noch am Abend. Eben ein Kurzurlaub ..." Indem an einer so wichtigen Stelle wie dem Satzanfang immer wieder der Begriff „Arbeit" hervorgehoben wird und der Zuhörer dabei stets den Begriff „Training" assoziiert, erhält die Aussage, dass das Training nun beileibe kein Urlaub gewesen sei, eine erhöhte rhetorische Schlagkraft. Und da das Ganze wunderbar gewürzt ist mit einem Schuss Ironie und einem Körnchen Humor, wirkt diese kleine „Rede" sehr überzeugend.

Anders als bei der Anapher wird bei der **Epipher** das letzte Wort des ersten Satzes am Ende des folgenden Satzes wiederholt. Als Beispiel führe ich hier die Kette aus der Fünf-Satz-Technik an:

Satz eins: Im nächsten Jahr müssen wir das Verkäufertraining wieder intensivieren und deshalb mehr Argumentations- und Präsentationstrainings durchführen. Tun wir es nicht, laufen wir auf eine *Katastrophe* zu.

Satz zwei: Stellen Sie sich einmal vor, was passieren würde, wenn wir unsere Verkäufer ohne fachliche Qualifikation auf unsere Kunden loslassen würden. *Das wäre eine Katastrophe!*

Satz drei: Und nun stellen Sie sich einmal einen fachlich gut ausgebildeten Menschen vor, der beim Anblick der Kunden vor lauter Stress ins Stottern gerät oder unsere großartigen Produkte ohne jegliche rhetorische Fähigkeiten anbietet! *Das wäre eine Katastrophe!*

Satz vier: Wenn wir, wie in den vergangenen Jahren, die Ausbildung unserer Verkäufer vernachlässigen, dann wird es nicht lange dauern, bis sie mit leeren Auftragsbüchern heimkommen, unsere Werker vor leeren Maschinen stehen und unsere Buchhalter sich nur noch mit roten Zahlen beschäftigen. *Das wäre eine Katastrophe!*

Satz fünf: Mir scheint der bessere Weg ist, trotz unserer – zugegeben angespannten – Budgetsituation gerade in den Verkauf und damit in die Verkaufsrhetorik zu investieren. Denn damit vermeiden wir die *Katastrophe!*

Bei der **Anadiplose** schließlich wird der letzte Gedanke des ersten Satzes am Anfang des folgenden Satzes wieder aufgegriffen. Auch dafür ein Beispiel, dargestellt wiederum anhand einer Kette, diesmal aber in sieben Stufen:

1. Wenn wir mehr trainieren, sind wir leistungsfähiger.
2. Leistungsfähiger sein führt dazu, auf dem Arbeitsmarkt bessere Chancen zu haben.
3. Bessere Chancen haben heißt, seinen Arbeitsplatz auswählen zu können.
4. Auswählen können heißt, ein besseres Einkommen zu erzielen.
5. Ein besseres Einkommen bedeutet ein sorgloseres und sichereres Leben.
6. Ein sichereres Leben verspricht Glück.
7. Also: Training erhöht das Lebensglück.

Durch die Anadiplose erreicht der Redner ein besonders hohes Maß an logischer Durchdachtheit des Textes, weil sie den Eindruck erweckt, jeder Gedanke würde sich aus dem vorherigen geradezu zwangsläufig ergeben. Wie auf einer Treppe führt der Redner sein Publikum Schritt für Schritt zum Kulminationspunkt seiner Aussage.

Zusammenfassung

- Argumentieren Sie wertorientiert! Denn wenn Sie es schaffen, so zu sprechen, dass die Zuhörer in dem, was Sie sagen, einen Wert für sich selbst erkennen, dann werden sie Ihnen auch zuhören.
- Bringen Sie eine Struktur in Ihre Rede. Die Fünf-Satz-Technik hilft, der Rede ein Gerüst zu verleihen, an dem Sie Ihre Gedanken und Argumente in einer logischen und für das Publikum nachvollziehbaren Folge aufhängen können.
- Das Prinzip der Fünf-Satz-Technik ist: Der erste Satz dient als Einstieg, als Einführung in das Thema. In den Sätzen zwei bis vier kommen Sie durch Gegenüberstellung, Ausklammerung, logische Schlussfolgerungen oder die Wiedergabe der verschiedenen Argumente zu einem Ergebnis. Im fünften Satz erläutern Sie die konkrete Folgerung, die „Botschaft", auf die Ihre Argumentation zuläuft.
- Würzen Sie Ihre „fünf Sätze" mit einem Schuss Rhetorik: Verwenden Sie rhetorische Stilmittel wie Anapher, Epipher und Anadiplose, um die Ausdrucks- und Überzeugungskraft Ihrer Rede zu steigern.

Individueller Lernweg: „Schreiben Sie eine Rede!"

Wieder schlägt die Stunde der „schlechten Musterrede" (S. 60):

1. Welche Fehler unterlaufen dem Redner?
2. Was hätten Sie anders gemacht?

Behalten Sie bei Ihrer Analyse im Hinterkopf:

- Argumentiert der Redner wertorientiert?
- Hat die Rede einen „roten Faden"?
- Setzt der Redner die Fünf-Satz-Technik ein?

6. Die Rede Schritt für Schritt entwickeln

Was Sie in diesem Kapitel erwartet

In den letzten Kapiteln haben Sie sich Stufe für Stufe die verschiedenen Bausteine einer Rede erarbeitet. Nun kommt es darauf an, diese Stufen zu einer Treppe zusammenzufügen, auf der Sie Ihr Publikum Schritt für Schritt zum Vortragsziel leiten. Die „Vortragstreppe" stellt eine Checkliste dar, die Ihnen bei der Vorbereitung der Rede oder des Vortrags behilflich ist und mit der Sie überprüfen, ob Sie an alles gedacht haben.

6.1 Die Treppe zum Vortragsziel

Stufe 1: Fragen zu der Zielgruppe/zu den Zuhörern

Über zehn Stufen müssen Sie gehen, um Ihr Vortragsziel zu erreichen. Bedenken Sie: Rhetorik ist die Kunst, Menschen zum Zuhören zu bewegen – die Menschen, die Adressaten Ihrer Rede stehen im Mittelpunkt Ihres Vorhabens. Diese Menschen wollen Sie informieren, überzeugen, ihnen einen Nutzen bieten. Informieren Sie sich also so weit wie möglich über ihr Publikum, zum Beispiel mit Hilfe der folgenden Fragen:

➢ Wer sind die Zuhörer?
– Aus welcher Firma kommen sie, welcher Branche gehören sie an?
– Welchen Berufen gehen sie nach?

- Auf welcher Hierarchieebene sind sie tätig?
- Welche Informationen zu ihrem sozialen Stand liegen vor?

➢ Was können die Zuhörer?
- Über welche Vorkenntnisse zu meinem Thema verfügen sie?

➢ Was wollen die Zuhörer?
- Welche Bedürfnisse (Motive) haben sie?
- Weshalb besuchen sie meinen Vortrag?
- Was erwarten sie von meinem Vortrag, was erwarten sie von mir?
- Was erwarten Sie von meiner Rede oder meinem Vortrag?

➢ Wie viele Zuhörer habe ich zu erwarten?

> Wenn Ihnen die Informationen, die Ihnen zum Publikum vorliegen, nicht ausreichen, überlegen Sie: Woher bekomme ich die fehlenden Informationen? (Zum Beispiel bei dem Veranstalter.)

Stufe 2: Fragen zum Umfeld

Die technisch-organisatorische Vorbereitung der Rede sollten Sie auf keinen Fall unterschätzen. Schon so manch wirklich gut gemeinter Vortrag ist in den Sand gesetzt worden, weil sich die Redner zwar um eine gute Rede, nicht aber um das Drumherum gekümmert haben. Das glauben Sie nicht? Dann stellen Sie sich einmal vor, dass Sie als Zuhörer zu einer Vortragsveranstaltung geladen sind. Ein großer Teil des Publikums ist schon da, auch die Redner haben einander schon bekannt gemacht. Plötzlich erscheint „auf den letzten Drücker" der Hauptredner, wird vom Veranstalter begrüßt – und dann beginnt die Veranstaltung. Als der Hauptredner an der Reihe ist, fragt er nach einem Videoprojektor, weil er seinen Vortrag mit einigen Bildern unterlegen will. Bedauerlicherweise aber gibt es solch ein technisches Gerät nicht. Oder: Stellen Sie sich einmal einen Redner vor, der sich nicht darüber informiert hat, worüber seine Vorredner sprechen – und in seinem Vortrag wiederholt er fast wörtlich das, was bereits andere gesagt haben. Unmöglich, diese Beispiele, meinen Sie? Nun, eine Situation, die mir noch sehr lebhaft in Erinnerung ist, ist folgende: Ich war als Abschlussredner für eine große Auftaktveranstaltung eingeladen. 30 Minuten sollte ich „die letzten motivierenden Worte“ sprechen. Aber alle Vorredner hatten so hoffnungslos überzogen, dass mir der Veranstalter zu verstehen gab, ich solle in maximal 5 Minuten fertig sein, da der Saal nur bis 18.00 Uhr gemietet sei. Auch darauf werde ich künftig eingestellt sein. Wer also verhindern will, dass der Rede-Erfolg an einer Detailfrage scheitert, sollte sich bei der Vorbereitung folgende Fragen stellen – und zwar bevor er mit dem Konzipieren beginnt:

➢ Wer ist bei Problemen vor Ort mein Ansprechpartner?

➢ Wann und wo genau findet die Veranstaltung statt? (wichtig für die Reiseplanung, die Unterkunftsbeschaffung, den Zeitplan)
- Wie viel Redezeit steht mir zur Verfügung?
- Gibt es Vor- und/oder Nachredner? Worüber sprechen sie? Muss ich eventuell zeitliche Verzögerungen einplanen, weil ein Vorredner mehr Zeit als vereinbart braucht?

➢ Wie ist der Raum beschaffen?
- Wie groß ist der Raum? (Muss ich laut oder eher leise reden? Benötige ich vielleicht ein Mikrofon?)
- Welche Sitzaufteilung (des Publikums) ist vorgesehen? Stehen Tische und/oder Stühle zur Verfügung?
- Wo halte ich die Rede – an einem Stehpult, im Sitzen, in einem Plenum, auf einer Bühne?

➢ Welche Medien stehen mir zur Verfügung?
- Welche Papiermedien, Hilfsmittel und Lichtmedien (samt Zubehör) sind vorhanden?
- Wie funktionieren die Medien?
- Weiß ich genau, wie man die Medien bedient?
- Wer hilft bei einer technischen Panne?

➢ Welche Medien muss ich selbst mitbringen?
- Wer ist bei der Installation und der Aufstellung der Medien behilflich?

Einige der Fragen lassen sich im Vorfeld der Rede abklären, andere bedürfen der persönlichen Überprüfung vor Ort. Sie sollten die Zeit, die es kostet, sich am Veranstaltungsort zum Beispiel wegen der Medien und ihrer Bedienung zu informieren, auf jeden Fall investieren – damit Sie sich am Veranstaltungstag ganz auf den Vortrag, die Rede selbst konzentrieren können.

Stufe 3: Fragen zur Botschaft

Argumentieren Sie wertorientiert und stellen Sie sich während der Vorbereitung folgende Fragen:

➢ Was soll die Zielgruppe am Ende des Vortrags mit nach Hause nehmen?
- Was sollen die Menschen (in ihrem Verhalten, ihrer Einstellung, ihrer Meinung) meiner Meinung nach ändern?
- Was sollen sie meiner Meinung nach denken?
- Was sollen sie meiner Ansicht nach empfinden?

Die Botschaft sollte sich wie ein roter Faden durch den Vortrag ziehen.

Stufe 4: Fragen zum Ziel

➢ Die Kernfrage dabei lautet: Was ist bei den Zuhörern anders, nachdem sie meinen Vortrag gehört haben?
- Was wissen sie mehr?
- Was können sie mehr?
- Was tun sie anders?
- Was habe ich erreicht?

Formulieren Sie das Ziel in einem Satz, im Aktiv, in der Gegenwartsform und im Indikativ (so als ob es schon erreicht wäre!).

Stufe 5: Fragen zum Inhalt

Auf der fünften Stufe beschäftigen Sie sich ausführlich mit den wichtigsten und grundlegenden Gedanken, die Sie in Ihrer Rede formulieren möchten. Dazu beantworten Sie sich folgende Fragen:

➢ Welche Informationen braucht die Zielgruppe unbedingt, damit sie den Redeinhalt verstehen und nachvollziehen kann?
– Sind Redeinhalt und Erfahrungs- und Wissenshintergrund des Publikums aufeinander abgestimmt?

➢ Welche Informationen und Inhalte sind **mir** wichtig?
– Welche Informationen und Inhalte sind mir über das Grundverständnis hinaus wichtig – vielleicht um meine Sichtweise und Begeisterung zu verdeutlichen?
– Gibt es andere Meinungen und Argumente, die ich berücksichtigen muss? Wenn *ja*, welches Ziel verfolge ich im Bezug auf diese Argumente? Wenn *nein*, wie vermittle ich meine Gedanken am günstigsten?

Formulieren Sie Ihren Kerngedanken so exakt wie möglich.

Stufe 6: Fragen zur Struktur

➢ Welche Argumentationsstruktur ist für mein Thema und die Zielgruppe günstig?
– Kann ich die Fünf-Satz-Technik einsetzen?
– Wie sieht der Rede-Plan konkret aus?

➢ Wie kann ich meine Gedanken in Bezug auf die Zielgruppe strukturieren?

Prüfen Sie, welche Variante der Fünf-Satz-Technik besonders gut zu Ihrem Redeinhalt passt.

Stufe 7: Fragen zur Zusammenfassung/Summary

- Was ist mir in der Zusammenfassung wichtig?
- Wie formuliere ich die Zusammenfassung?

> Formulieren Sie in der Zusammenfassung den Redeinhalt, die Botschaft exakt, kurz und bündig, im Aktiv und in der Gegenwartsform. Finden Sie eine positive Schlusssentenz.

Ich schreibe die Zusammenfassung einer Rede stets vor dem eigentlichen Redetext, denn letztlich ist sie die Kurzform meines Vortrages. Im Notfall kann ich das Summary immer noch als Kurzrede benutzen. Übrigens: Zusammenfassungen finden Sie auch in diesem Buch, am Anfang und am Ende eines Kapitels. Am Anfang dient die Zusammenfassung mehr als Appetitanreger, am Ende sozusagen als Nachtisch.

Stufe 8: Fragen zur Formulierung und zum Manuskript

- Welche Verstehhilfen kann ich anbieten und welche Beispiele kann ich nutzen, in die sich die Zuhörer auch eindenken können?
- Welche rhetorischen Stilmittel kann ich nutzen, um auch kompliziertere Sachverhalte zu erläutern und zu erklären?
- Welche Bilder verdeutlichen das gesprochene Wort?
- Erfüllen meine Formulierungen die Voraussetzung der wertorientierten Argumentation?
- Welche Manuskriptform benutze ich?

> Achten Sie darauf, dass jeder Ihrer Gedanken ausformuliert ist (Ausnahme: Sie verfolgen eine Absicht damit, dass Gedanken „unausgesprochen“ bleiben oder nicht zu Ende gedacht sind).

Stufen 9 und 10: Fragen zum Schluss der Vorbereitung

In Kapitel 4, dem „Dramaturgie“-Kapitel, haben Sie erfahren, wie wichtig der Aufmacher und der Schlussreiz für die Lebendigkeit der Rede, den Spannungsbogen, ja den Vortrag insgesamt sind. Wenn Sie also das Ziel verfolgen, Menschen zum Zuhören zu bewegen, legen Sie noch einmal „letzte Hand“ an diese beiden Redeinhalte.

> Und nun: Üben! Am besten mit Manuskript, Stoppuhr und Tonband! Und vergessen Sie nicht: Bleiben Sie authentisch und trauen Sie sich zu, eine Rede zu halten!

Zusammenfassung

- Das Treppenkonzept können Sie zur Vorbereitung der Rede oder des Vortrages nutzen.
- Eine grafische Zusammenfassung des Treppenkonzeptes finden Sie auf S. 130.
- Zudem hilft Ihnen die Checkliste, auch während und nach der Planung der Rede immer wieder zu prüfen, ob Sie eine Stufe vergessen oder übersprungen haben.

Individueller Lernweg: „Schreiben Sie eine Rede!“

Sie erinnern sich an die „schlechte Musterrede“ (S. 60)? Also:

1. Welche Fehler unterlaufen dem Redner?
2. Was hätten Sie anders gemacht?

Berücksichtigen Sie dabei insbesondere:

- Welche der 10 Stufen der Vortragstreppe nutzt der Redner?

Das Treppenkonzept

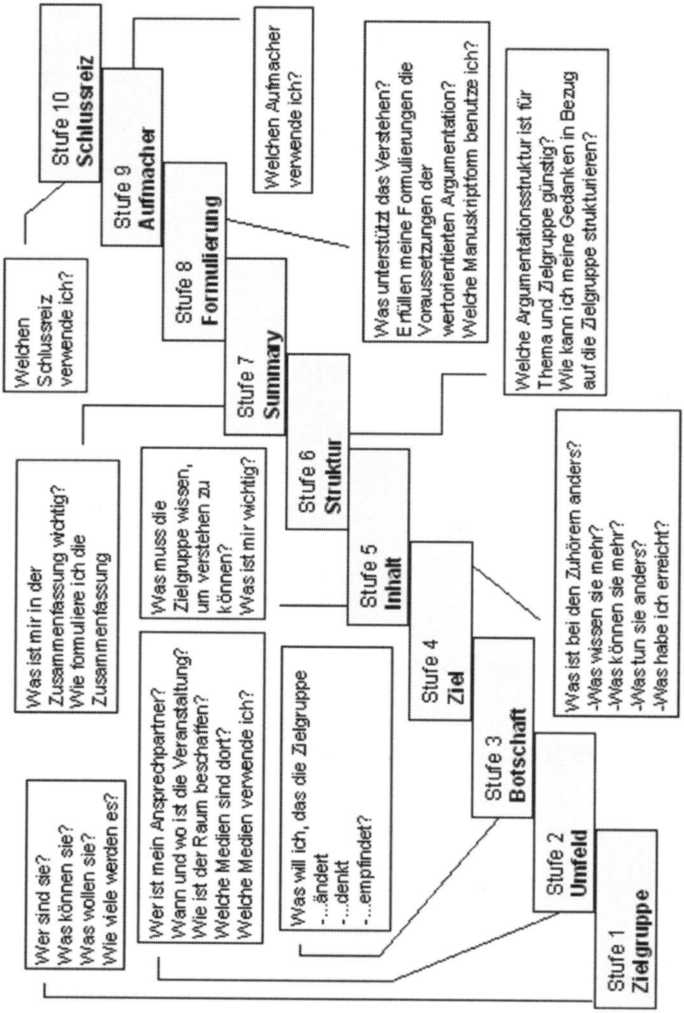

7. Das Manuskript – Aufbau und praktische Einsatzbeispiele

Was Sie in diesem Kapitel erwartet

Viele Redner verlassen sich bei ihrem Vortrag auf ihr Gedächtnis und halten die Rede frei. Kein Zweifel – das kommt beim Publikum immer gut an. Doch in manchen Situationen ist ein Manuskript auch äußerst hilfreich, so zum Beispiel, wenn Sie durch eine Panne – der Overheadprojektor fällt aus – oder einen Zwischenruf, auf den Sie reagieren, den roten Faden verlieren. Dabei gibt es verschiedene Möglichkeiten, ein Rede-Manuskript zu erstellen.

7.1 Von der „freien Rede“

Ist wirklich derjenige Redner der beste, der frei spricht und keine Vorlage benötigt? Ich bin da anderer Meinung. Schon oft habe ich Redner erlebt, die glaubten, die „freie Rede“ zu beherrschen, und die dann ganz entsetzlich abgestürzt sind. Plötzlich, vor den Teilnehmern, war alle Gelassenheit weg, die Argumente, schön im stillen Kämmerlein am gedanklichen Schnürchen aufgereiht, waren plötzlich verschwunden. Blackout!

Einige Gedanken zur „freien Rede“ möchte ich mir gestatten, die vielleicht im Gegensatz stehen zu dem, was andere Menschen, vielleicht auch Sie, unter „freier Rede“ verstehen. Im Begriff „freie Rede“ steckt – an erster Stelle, doch so oft übersehen, das Wörtchen „frei“. Frei sein, wer möchte das nicht gerne – doch was ist das letztlich – Freiheit? Freiheit heißt ungebunden zu sein, tun und lassen zu können, was ich will, mich nicht darum scheren, was andere Menschen denken oder über mich sagen. Freiheit ist eine Geisteshaltung, die ich auch dann noch leben kann, wenn ich körperlich schon längst unfrei geworden bin. Freiheit heißt für mich demnach, dass ich alles das, was ich denke, auch sagen kann, ohne Ängste vor Zurückweisung und Strafen durch andere Menschen. Und Unfreiheit hingegen heißt für mich, dass ich nicht das sage, was ich wirklich meine – oder dass ich nicht von dem überzeugt bin, was ich sage – oder dass ich mich vor den Folgen meines Handelns fürchte und Strafe erwarte. Unfreiheit bedeutet, Angst zu haben vor Blamage, Angst zu haben vor Strafe.

Vor eine Gruppe von Menschen zu treten, ist für viele eine außergewöhnliche Stresssituation, weil mit vielen Unsicherheiten verbunden: „Komme ich an?“ – „Bin ich gut vorbereitet?“ – „Kann ich das erreichen, was ich erreichen will?“ – „Vergesse ich auch nichts?“ – ... und was einem sonst noch durch den Kopf geht. Es gehört schon eine gehörige Portion Routine, Fachwissen und Engagement dazu, sich einfach hinzustellen und einen gelungenen Vortrag zu halten. Ich persönlich fühle mich sicherer, wenn ich eine Stütze habe, die mir durch meine Vorträge hilft. Kurz: Ich arbeite nie ohne Manuskript, wobei ich die Form des Manuskripts auf meine Vortragsform und vor allem darauf ausgerichtet habe, wie sicher ich mich in dem Gebiet fühle, in dem ich meinen Vortrag halte.

> Alles, was ich denke, kann ich auch sagen. Was ich mir verbiete, bleibt eine unerfüllte Sehnsucht, die mein Körper auch dann ausstrahlt, wenn ich mir des Ursprungs nicht mehr bewusst bin.
> *Ingrid Olbrich*

7.2 Die Manuskriptformen – Vor- und Nachteile

Das wörtlich ausgearbeitete Manuskript

Diese Manuskriptform, bei der wirklich jedes Wort ausformuliert ist, benutze ich dann, wenn ich einen neuen Vortrag zu einem neuen Thema halte. Ich benutze es auch für Vorträge, bei denen es auf jedes Wort ankommt, oder für einmalige Vorträge, bei denen ich am Rednerpult stehe und sehr sparsam mit meinen Medien umgehen muss; im Extremfall sind sogar keinerlei Medien vorhanden. Ein solches wörtlich ausgearbeitetes Manuskript als Vorlage ist in einer sehr großen Schrift geschrieben – mindestens in 16 Punkt. Ich verstecke in ihm auch Anmerkungen oder „Regieanweisungen“ für mich, wie „Pause“, „ins Publikum schauen“, „laut/leise“, „schnell/langsam“. Hier ein Ausschnitt aus einem wörtlich ausgearbeiteten Manuskript. Den vollständigen Text finden Sie im achten Kapitel, jedoch ohne jene Anweisungen und so modifiziert, wie ich die Rede tatsächlich gehalten habe.

> Mein damals 17-jähriger Sohn lud mich zu einem Ringkämpfchen ein.
>
> ***<aufschauen, Pause>***
>
> *Eher mitleidig lächelnd stimmte ich zu – und bevor ich mich richtig versah, hatte er mich mit einem geschickten Judogriff auf die „Matte“ geschickt. Meine verdutzten Augen hätten*

Obgleich ich mir mit diesem wörtlichen Manuskript den Text genau vorgeschrieben habe, verlasse ich mich nicht allein darauf. Einen Vortrag mit Hilfe eines solchen Manuskripts trainiere ich mindestens zehn Mal, bevor ich damit vor das Publikum trete. Im Grunde kann ich den

Text auswendig, wenn ich ihn dann präsentiere. Das macht mich frei, oft vom Blatt aufzuschauen und das Publikum sowie seine Reaktionen zu beobachten. Und es macht mich frei, den Text dann doch situationsbezogen abzuändern.

Stichwortkärtchen

Kollegen von mir benutzen Stichwortkärtchen als Manuskript. Auch eine Möglichkeit, wobei es da die verschiedensten Arten von Stichwortkärtchen gibt. Obgleich ich nicht gern mit dieser Manuskriptform arbeite, weiß ich, dass Stichwortkärtchen viele Vorteile bieten. So schreibe ich manchmal den vollen Wortlaut einer komplizierten Erklärung gleich mit auf die Karte und notiere, wie viel Zeit ich voraussichtlich benötige, um diesen Teil meiner Rede zu bestreiten. Wenn man es geschickt anfängt, dann hat der Redner ständig eine gute Übersicht über seinen Vortrag, indem er stets die Kärtchen, auf denen die gesamte Rede notiert ist, ein wenig versetzt hält. Das sieht dann so aus:

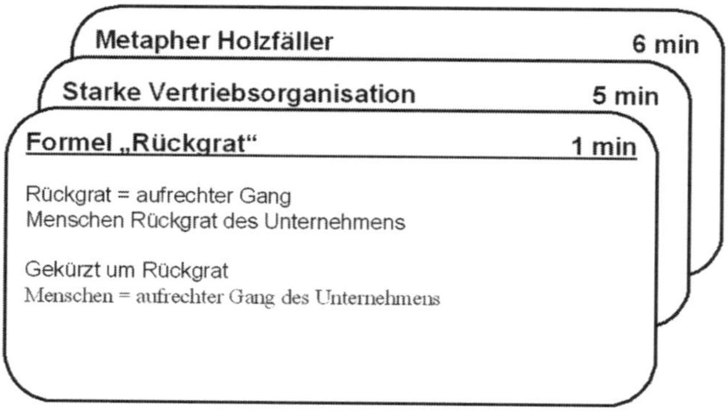

Eine andere Möglichkeit, Stichwortkärtchen als Manuskript zu nutzen, besteht darin, zu einem Gedanken die wichtigsten Stichworte aufzuschreiben. Ferner werden die Medien aufgeführt, die vom Redner an dieser Stelle seiner Rede gebraucht werden.

Starke Vertriebsorganisation — 5 min.

Struktur	Folie Struktur
· Regionale Aufstellung	
· 3 Vertriebsleiter	
· Key Account-Management	
Zielmärkte	Folie Märkte
· Handel	
· Kfz. Werkstätten	
Neues Nachwuchsförderungsprogramm	
Vertriebstrainingsprogramm für alle	

Der Vorteil der Stichwortkärtchen gegenüber dem vollständig ausgeschriebenen Manuskript besteht darin, dass der Redner seine Rede beliebig frei gestalten kann, indem er die Kärtchen einfach umsortiert oder einige Kärtchen überspringt. Zudem kann der Redner, da er nicht „an das Blatt“ gebunden ist, einen viel besseren Blickkontakt zum Publikum halten. Dennoch ist die Arbeit mit diesen Kärtchen nicht ganz problemfrei. Denn wehe, wenn der Stress dazu führt, dass die Kärtchen aus der Hand fallen ...

Einer meiner Freunde arbeitet mit farblich unterschiedlichen Kärtchen. Weiße für die Einleitung, gelbe für die Kerngedanken, rote für besonders kritische Argumente, die er dann gewöhnlich auch völlig ausformuliert hat, und grüne für den Schluss oder die Schlussgedanken.

Die Medien als Manuskript

Eine von mir besonders geschätzte Manuskriptform sind die visuellen Medien, die ich oft so gestalte, dass sie mir als Manuskript dienen. Meine wichtigsten Gedanken stehen dann buchstäblich auf der Pinnwand (die ich persönlich bevorzuge), auf dem Flipchart oder aber auf Plakaten, die ich so in dem Vortragsraum anbringe, dass ich unauffällig einen Blick darauf werfen kann. Oder ich stelle meine Hauptgedanken auf Folien oder Dias dar, wobei ich diese jedoch äußerst selten benutze. Wenn ich die Medien so einsetze, dass sie mir stets die Stichwörter für meinen Vortrag liefern, dann erwecke ich den Eindruck, ohne Manuskript zu sprechen, was aber in Wirklichkeit gar nicht so ist. Das folgende Beispiel zeigt ein Pinnwandblatt, das die wichtigsten Stichwörter eines Redeabschnittes enthält.

Wie der Mensch behält

Informationen	Wahrnehmungs-speicher	Kurzzeit-gedächtnis	Langzeit-gedächtnis
Quelle	**Speicherart**	**Speicherart**	**Speicherart**
von außen	**elektrische Schwingungen**	**Nukleinsäure (RNS), die wieder zerfällt**	**Eiweißmoleküle verankert und im Gehirn**

Das Drehbuch als Manuskript

Zeit	voller Wortlaut	Stichwörter	Regie
1 m	Ich möchte gern noch ein paar rein anatomische Parallelen ziehen Das Rückgrat besteht aus knöchernen Wirbeln und Knorpelscheiden, den sogenannten Bandscheiben. Im Rückgrat eingebettet verlaufen im Rückenmark die Haupt-Nervenstränge des Menschen. Mehr oder weniger ausgeprägte Muskeln sorgen letztlich dafür, dass das alles zusammengehalten wird.	anatomische Parallelen	Bei Text *“das Rückgrat“* **Dia 2**

Eine Sonderstellung unter den Manuskriptarten nimmt das „Drehbuch“ ein. Ein Drehbuch beinhaltet nicht nur, was ich sagen will, sondern es gibt mir auch Hinweise darüber, wie, mit welchen Medien und Hilfsmitteln ich arbeite. Ferner enthält es genaue Zeitangaben und Regiehinweise – was insbesondere dann wichtig ist, wenn ich auf die Hilfe von Assistenten angewiesen bin. Das kommt vor, wenn ich einen Vortrag vor einem großen Publikum halte und ein Assistent in einer entfernten Kabine sitzt und von dort aus Dias, Musik oder Filmausschnitte zuspielt, die ich für meinen Vortrag brauche. In solchen Situationen muss sich einer auf den anderen blind verlassen können.

Die Mind Map als Manuskript

Die Mind Map ist ebenfalls eine von mit sehr geschätzte Art des Manuskripts. Sie bietet mir unendlich viele Möglichkeiten, einen Vortrag zu entwickeln, frei zu gestalten und dann flexibel zu halten. Wie überall, ist auch bei der Mind Map ein wenig Übung nötig und vor allem die Bereitschaft, sich mit ihr anzufreunden, will man alle Vorteile nutzen, die sie dem Redner bietet. Schöne Beispiele für Mind Maps finden Sie in Mogens Kirckhoffs Buch „Mind Mapping“.

Die Fünf-Satz-Skizze als Manuskript

Vor allem bei kurzen Vorträgen, Präsentationen oder Beiträgen zu Debatten halte ich es für sinnvoll, eine Fünf-Satz-Skizze als Redevorlage zu benutzen (in Kapitel 5 finden Sie zahlreiche Beispiele für die Fünf-Satz-Technik). Ich jedenfalls benutze solche Skizzen oft als Manuskript.

„Vertraue auf Gott, aber binde dein Kamel an ...“ – das wissen Sie ja bereits. Wenn Sie mit einem Manuskript arbeiten, haben Sie die Gewissheit, dass Sie den roten Faden behalten, und auch einen „Verhaspler“ können Sie durch einen schnellen Blick in Ihr Manuskript zumindest leichter überstehen. Ein Manuskript verleiht Sicherheit beim Vortrag. Der Redner kann die wichtigen Aspekte seiner Rede schwarz auf weiß nachlesen. Durch das Gefühl der Sicherheit wiederum lässt sich Nervosität abbauen, was wiederum zu einer freieren Sprache und zu einem gelösteren Vortragsstil führt. Für mich jedenfalls zählt das Manuskript zu einer guten Vorbereitung, nach dem Motto: Je besser vorbereitet, desto weniger Nervosität! Ein weiterer Vorteil: Sollte ich wirklich einmal durch einen Zwischenruf oder eine Panne den „roten Faden“ verlieren, finde ich ihn im Manuskript gewiss schnell wieder.

Zusammenfassung

- Eine freie Rede ist eine Rede ohne Angst. Deshalb ist es keine Glaubensfrage, ob man mit oder ohne Manuskript arbeiten soll. Zu empfehlen ist es jedenfalls – zumal es auch ein Zeichen für eine gute Vorbereitung ist. Denn ein Manuskript verleiht Sicherheit und hilft, den verlorenen roten Faden wieder aufzunehmen.
- Machen Sie die verwendete Manuskriptform von der konkreten Vortragssituation abhängig. Bei einer längeren Rede zu einem für Sie neuen Redethema eignen sich etwa das wörtlich ausgearbeitete Manuskript oder die Stichwortkärtchen, bei einer Rede, in der viele Medien eingesetzt werden, die Form „Medien als Manuskript“ oder das „Drehbuch“. Eine Mind Map können Sie einsetzen, wenn Ihr Vortragsstil eher in Richtung „freie Rede“ geht, bei kurzen Vorträgen oder Präsentationen mag eine Fünf-Satz-Skizze genügen.

Individueller Lernweg: „Schreiben Sie eine Rede!“

Nehmen Sie bitte die „schlechte Musterrede“ (S. 60) zur Hand:

- Was hätten Sie anders gemacht?

Fragen Sie sich dabei insbesondere:

- Wäre es klüger gewesen, wenn der Redner eine bestimmte Manuskriptform angewendet hätte? Wenn ja: welche?

8. Übung macht den Meister

Was Sie in diesem Kapitel erwartet

Ich möchte Ihnen nun darstellen, wie Sie die Erkenntnisse aus den bisherigen Kapiteln in die Praxis überführen können. Dazu habe ich mir drei Redesituationen ausgesucht, die mir „im wahren Leben" tatsächlich begegnet sind. Zwar habe ich Namen und Zusammenhänge geändert, aber dennoch passen die Reden ziemlich gut, und ich würde sie heute wieder genau so halten oder entwerfen. Der Aufbau der Reden ist an das Treppenkonzept angelehnt, das Sie im sechsten Kapitel kennen gelernt haben. Da Ihnen dieses Kapitel helfen soll, selbst eine Rede zu schreiben, werde ich bei der ersten Rede Schritt für Schritt aufzeigen, wie ich bei der Ausarbeitung vorgegangen bin. Bei der zweiten und dritten Rede beschränke ich mich darauf, nur noch die wichtigen Bausteine der Entstehungsgeschichte zu nennen.

8.1 Eine Abschiedsrede

In dem ersten Vortrag geht es um eine Abschiedsrede für einen Vorgesetzten. Nennen wir ihn Dr. Peter. Dr. Peter ist bekannt als ein harter Knochen, der von sich und seinen Mitarbeitern immer höchste Leistung verlangt hat. Dabei kam das Menschliche im Zusammenleben zuweilen zu kurz. Andererseits hat sich Dr. Peter stets vor seine Leute gestellt und sie gegen alle Anfeindungen von außen verteidigt. Der Redner ist ein Mitarbeiter von Dr. Peter. Er wird seine Rede als Letzter halten, nachdem vorher der Personalchef und der direkte Vorgesetzte von Dr. Peter gesprochen haben. Bei seiner Rede soll er das Abschiedsgeschenk überreichen, eine von den Kollegen selbst gebastelte Uhr. Der Redner, ein begnadeter Ingenieur, ist vor allem musisch begabt, spielt Trompete und liest gern Gedichte.

Die Vorbereitung nach dem Treppenkonzept

Stufe 1: Die Zielgruppe/Zuhörer

Fragen und meine Antworten:

Wer sind die Zuhörer?

- *Dr. Peter und seine Frau.*
- *Dr. Müller, Personalchef.*
- *Dr. Ottensen, Bereichsleiter.*
- *Unsere Kollegen.*
- *Von Dr. Peter geladene Gäste.*

Aus welcher Firma kommen sie, welcher Branche gehören sie an? Welchen Berufen gehen sie auf welcher Hierarchieebene nach?

- *Im wesentlichen Ingenieure oder unseren Produkten nahestehend.*

Welche Informationen zu ihrem sozialen Stand liegen vor?

- *Gehobener sozialer Stand und gehobener Bildungsstand.*

Was können die Zuhörer? Über welche Vorkenntnisse zu meinem Thema verfügen sie?

- *Sie alle kennen Dr. Peter und haben mit ihm gearbeitet oder sind ihm privat verbunden. Sie wissen also um seinen Abschied aus dem aktiven Berufsleben.*

Was wollen die Zuhörer? Welche Bedürfnisse (Motive) haben sie? Weshalb besuchen sie meinen Vortrag?

- *Dr. Peter einen würdigen Rahmen für seinen Abschied geben.*

Was erwarten sie von meinem Vortrag, was erwarten sie von mir?

- *Dass ich sein Herz treffe.*

Was erwarten Sie von meiner Rede oder meinem Vortrag?

- *Dass ich sie gut vertrete und ihnen aus dem Herzen spreche.*

Wie viele Zuhörer habe ich zu erwarten?

– *Ca. 100 Personen.*

Stufe 2: Das Umfeld

Fragen und meine Antworten:

Wer ist am Veranstaltungsort mein Ansprechpartner (bei Problemen)?

– *Werner Schröter.*

Wann und wo genau findet die Veranstaltung statt (wichtig für die Reiseplanung, die Unterkunftsbeschaffung, den Zeitplan)?

– *Donnerstag, 12. Dezember, Frankfurt, Veranstaltungsraum Betriebsrestaurant.*

Wie viel Redezeit steht mir zur Verfügung?

– *Maximal 15 Minuten, alles inklusive.*

Gib es Vor- und/oder Nachredner? Muss ich eventuell zeitliche Verzögerungen einplanen, weil ein Vorredner mehr Zeit als vereinbart braucht? Worüber sprechen sie?

– *Vorher sprechen der Personalchef und der direkte Vorgesetzte von Dr. Peter.*

– *Zeit spielt keine strukturelle Rolle.*

– *Der Personalchef gibt einen Überblick über die eigenwillige Karriere von Dr. Peter.*

– *Der direkte Vorgesetzte „plaudert" über die Zusammenarbeit.*

Wie ist der Raum beschaffen? Wie groß ist der Raum? (Muss ich laut oder eher leise reden?) Benötige ich vielleicht ein Mikrofon?

– *Angemessene Größe, ich bekomme ein Ansteckmikrofon. Normale Lautstärke beim Sprechen.*

Welche Sitzaufteilung (des Publikums) ist vorgesehen? Stehen Tische und/oder Stühle zur Verfügung?

– *Das Publikum sitzt an Tischen.*

Wo halte ich die Rede – an einem Stehpult, im Sitzen, in einem Plenum?

– *Vor dem Tisch von Dr. Peter. Der steht in der Mitte des Raumes.*

Welche Medien stehen mir zur Verfügung? Welche Papiermedien und

Hilfsmittel gibt es? Welche Lichtmedien (samt Zubehör) sind vorhanden? Wie funktionieren die Medien? Weiß ich genau, wie man die Medien bedient? Wer hilft bei einer technischen Panne?

- *Medien brauche ich nicht.*
- *Achtung: Das Geschenk ist auf einem Rolltisch, der direkt bei mir steht, unter einer Decke versteckt.*

Welche Medien muss ich selbst mitbringen? Wer ist bei der Installation und der Aufstellung der Medien behilflich?

- *Entfällt.*

Stufe 3: Die Botschaft

Fragen und meine Antworten:

Was soll die Zielgruppe am Ende des Vortrags mit nach Hause nehmen? Was sollen die Menschen (in ihrem Verhalten, ihrer Einstellung, ihrer Meinung) meiner Meinung nach ändern?

- *Dr. Peter und seine Frau wissen, dass er als Mensch und als Vorgesetzter geachtet ist.*

Was sollen sie meiner Meinung nach denken?

- *Es hat sich gelohnt, mit diesem Menschen zusammenzuarbeiten.*

Was sollen sie meiner Ansicht nach empfinden?

- *Genugtuung und Freude, aber auch ein wenig Wehmut.*

Stufe 4: Das Ziel

Fragen und meine Antworten:

Was ist bei den Zuhörern anders, nachdem sie meinen Vortrag gehört haben?

- *Anders ist die Beziehung zwischen unserem Vorgesetzten und uns Mitarbeitern. Die Beziehung ist gelöst.*

Was wissen sie mehr? Was können sie mehr? Was tun sie anders?

- *Sie kennen den Symbolcharakter des Geschenks (Uhr).*

Was habe ich erreicht?

- *Dr. Peter symbolisch in eine neue Zeit verabschiedet.*

Stufe 5: Der Inhalt

Fragen und meine Antworten

Welche Informationen braucht die Zielgruppe unbedingt, um zu gewährleisten, dass sie den Redeinhalt verstehen und nachvollziehen kann?

– *Wer ich bin und weshalb ich die Rede halte.*

Sind Redeinhalt und Erfahrungs- und Wissenshintergrund des Publikums aufeinander abgestimmt?

– *Ja, jeder Teilnehmer kennt ESP-Ventilblock und Uhr.*

Welche Informationen und Inhalte sind mir wichtig?

– *Wie wir Mitarbeiter Dr. Peter gesehen haben.*

Welche Informationen und Inhalte sind mir über das Grundverständnis hinaus wichtig – vielleicht um meine Sichtweise und Begeisterung zu verdeutlichen?

– *Brauche ich hier nicht.*

Gibt es andere Meinungen und Argumente, die ich berücksichtigen muss? Wenn ja, welches Ziel verfolge ich im Bezug auf diese Argumente?

– *Nein.*

Wenn nein, wie vermittle ich meine Gedanken am günstigsten? Welche rhetorischen Stilmittel eignen sich hier im besonderen Maße?

– *Metaphern, Zeit und Sicherheit.*

Stufe 6: Die Struktur

Fragen und meine Antworten:

Welche Argumentationsstruktur ist für mein Thema und die Zielgruppe günstig?

– *Aufsatz für ESP-Ventilblock und Uhr.*

– *Ketten in den jeweiligen Kapiteln.*

Kann ich eine Fünf-Satz-Technik einsetzen? Wie sieht der Rede-Plan konkret aus?

Wie kann ich meine Gedanken in Bezug auf die Zielgruppe strukturieren?

– *Siehe Rede-Plan.*

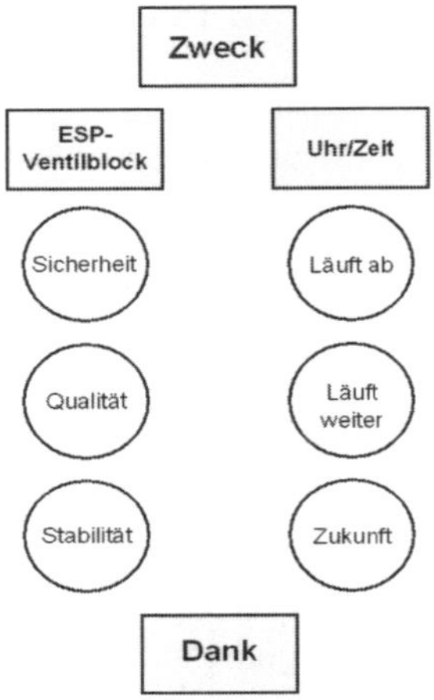

Stufe 7: Zusammenfassung

Fragen und meine Antworten:

Was ist mir in der Zusammenfassung wichtig? Wie formuliere ich die Zusammenfassung?

– *Nicht erforderlich.*

Stufe 8: Formulierung und Inhalt

Fragen und meine Antworten:

Welche Verstehhilfen kann ich anbieten?

– *Nicht nötig.*

Welche Beispiele kann ich nutzen, in die sich die Zuhörer auch eindenken können?

– *ESP-Ventilblock symbolisiert Teile des Charakters von Dr. Peter.*

– *Sicherheit im Auto = Sicherheit für Mitarbeiter.*

- *Hohe Qualität = Kompetenz.*
- *Hartes Material = Gradlinigkeit, Härte.*
- *Uhr symbolisiert Zeit.*
- *Vergangenheit = abgelaufene Zeit.*
- *Zukunft = Uhr läuft weiter.*

Welche Metaphern (und andere rhetorische Stilmittel) kann ich nutzen, um auch die komplizierteren Sachverhalte zu erläutern und zu erklären?

- *Gedicht über die Zeit.*

Welche (optischen und/oder akustischen) Bilder kann ich nutzen, die das gesprochene Wort verdeutlichen?

- *Zum Beispiel Bilder der Beständigkeit und Vergänglichkeit.*

Erfüllen meine Formulierungen die Voraussetzung der wertorientierten Argumentation?

- *Nicht erforderlich.*

Welche Manuskriptform benutze ich?

- *Keine. Die Uhr dient in gewisser Weise als „Manuskriptvorlage".*

Stufe 9: Aufmacher

Fragen und meine Antworten:

Welchen Aufmacher verwende ich?

- *Wenn einer wie Sie geht, dann bleibt immer eine Lücke!*

Stufe 10: Schlussreiz

Fragen und meine Antworten:

Wie sieht mein Schlussreiz aus oder/und wie hört er sich an?

- *Trompetenspiel.*

Die ausgearbeitete Rede

Der Redetext	**Erläuterungen**
Wenn einer wie Sie geht, dann bleibt immer eine Lücke!	Botschaft, Achtung für Dr. Peter
Sehr geehrter Herr Dr. Peter, sehr geehrte Frau Peter, verehrte Gäste!	Ehrengast Publikum
Manchmal habe ich mich in den vergangenen Jahren gefragt, ob denn jede komplizierte Aufgabe, die Sie zu vergeben hatten, unbedingt von mir erledigt werden muss. Ich bin übrigens sicher, dass sich diese Frage auch alle Kollegen gestellt haben. Die Aufgabe, für meine Kolleginnen und Kollegen zu sprechen, Ihnen unser Abschiedsgeschenk zu überreichen und zudem noch etwas Musik in diese Feier zu bringen, habe ich mir endlich einmal selbst gesucht.	Ziel: Geschenk der Kollegen übergeben
--- Wie finde ich jetzt nur die Überleitung von der Einleitung zu unserem Abschiedsgeschenk? Gar nicht – egal:	Bewusst holprige Überleitung
Alle Mitarbeiter aus Ihrem Bereich, der „Konstruktion Serienentwicklung Hydraulische Systeme", haben diese Tischuhr für Sie entworfen und gebaut. Bitte beachten Sie die filigrane Ausführung der beiden Grundideen:	Die Idee des Geschenks
Der ESP-Ventilblock, den Sie ja aus Ihrer langjährigen Tätigkeit in unserem Hause bestens kennen! Er symbolisiert Sicherheit! Sicherheit im Auto und Sicherheit, die Sie uns gerade in besonders kritischen und brisanten Zeiten und bei ebensolchen Themen vermittelt haben.	Vergleich Sicherheit
Der ESP-Ventilblock ist ein Meisterwerk, wie es nur von Meistern des Fachs entwickelt werden konnte. Er symbolisiert auch Ihre beispielhafte und in allen Bereichen anerkannte Fachkompetenz.	Vergleich Kompetenz

Der ESP-Ventilblock ist aus hartem Material gefertigt. Auch dies hat Symbolcharakter. Hartes Material lässt sich nicht verbiegen und hält schon mal einen Schlag aus. Wie Sie. Oft galten Sie als ein harter Knochen, verbogen haben Sie sich nie, und jeder, auch Ihre Gegner, haben anerkannt, dass Sie ein aufrechter Kerl sind. Manchmal stand Ihnen Ihre Gradlinigkeit auch im Weg, was Ihre späte Karriere in unserer Firma begründete. Spät kam sie, aber sie kam - und das war gut so!	Vergleich Charakter
Diesmal fällt mir der Übergang leicht! Spät und Zeit miteinander zu verbinden - das kann jeder. Kommen wir also zum zweiten Bauteil des Geschenks, der Uhr.	Überleitung
Die Uhr symbolisiert die Zeit. Und ich mag es gar nicht aussprechen, aber Ihre Zeit bei uns ist abgelaufen. Doch – betrachten wir die Uhr einmal genau – dann können Sie deutlich erkennen, dass die Uhr weiter läuft. Und so läuft die Zeit für Sie natürlich weiter. Übrigens, an dieser Stelle wusste ich bei der Ausarbeitung dieser kleinen Rede nicht weiter, deshalb habe ich eine Anleihe bei der Dichterin Elli Michler gemacht:	Vergleich Zeit
Zeit: Ich wünsche Ihnen nicht alle möglichen Gaben. Ich wünsche Ihnen nur, was die meisten nicht haben. Ich wünsche Ihnen Zeit, sich zu freun und zu lachen, und wenn Sie sie nützen, können Sie etwas daraus machen. Ich wünsche Ihnen Zeit für Ihr Tun und Ihr Denken, nicht nur für sich selbst, sondern auch zum Verschenken. Ich wünsche Ihnen Zeit, nicht zum Hasten und Rennen, sondern die Zeit zum Zufrieden sein können.	Zwischenreiz Gedicht

Ich wünsche Ihnen Zeit, nicht nur so zum Vertreiben. Ich wünsche, sie möge Ihnen übrigbleiben als Zeit für das Staunen und Zeit für Vertraun, anstatt nach der Zeit auf der Uhr nur zu schaun. Ich wünsche Ihnen Zeit, zu sich selber zu finden, jeden Tag, jede Stunde als Glück zu empfinden. Ich wünsche Ihnen Zeit, auch um Schuld zu vergeben. Ich wünsche Ihnen: ZEIT ZU HABEN ZUM LEBEN.	
Wir, Ihre jetzt ehemaligen Mitarbeiterinnen und Mitarbeiter, hoffen selbstverständlich, dass Sie uns bei Gelegenheit darüber aufklären werden, was Sie in der Hinsicht auf Ihre Zeit so zu unternehmen gedenken. Bislang ist nämlich noch nichts zu uns durchgedrungen (was erstaunlich ist in einem Unternehmen, in dem die Subkultur der Gerüchte zuweilen Blüten treibt).	Anspielung Verschwiegenheit und Firma
Herr Dr. Peter, zum Schluss möchte ich Ihnen hier ganz persönlich für alles, was Sie für mich getan haben, danken. Anfangs sprach ich davon, dass ich etwas Musik in diese Feier bringen wollte. Nun ist es so weit:	Persönlicher Abschluss Bogen zum Beginn
Als herzliches Dankeschön für Sie und Ihnen zu Ehren spiele ich jetzt Trompete. Und zwar das Largo von Georg Friedrich Händel, es ist bekannt als eine Lobeshymne vergangener Herrscher. Herzlichen Dank für alles, was Sie für uns getan haben, herzlichen Dank für die Zeit miteinander.	Dank
Trompetenspiel	Schlussreiz

8.2 Eine Motivationsrede

Den folgenden Vortrag habe ich für mich selbst geschrieben. Die Entstehungsgeschichte war die folgende: Von dem neuen Geschäftsführer einer Firma, die unter der früheren Leitung gelitten hatte, erhielt ich einen spannenden Auftrag, der so lautete: „Kümmern Sie sich um die Menschen. Sie brauchen neue Motivation und neue Inhalte. Sie haben freie Hand für jedes Gespräch, und wir bestehen darauf, dass Sie nur die Konsequenzen an uns weitergeben und nicht die Namen der Personen, mit denen Sie gesprochen haben und auch nicht die Inhalte der Gespräche!“ Zielgruppen für diesen Vortrag waren alle Mitarbeiterinnen und Mitarbeiter des Unternehmens, also ca. 250 Personen aller Hierarchiestufen. Sie wussten, dass die Geschäftsführung gewechselt hatte, sie kannten die besorgniserregenden Zahlen aus dem vergangenen Geschäftsjahr. Manche bangten um ihren Arbeitsplatz, einige hoch qualifizierte Mitarbeiter hatten das Unternehmen bereits verlassen, andere standen auf dem Absprung. Die Stimmung war schlecht.

Vor mir hatten die beiden neuen Geschäftsführer gesprochen und versichert, dass die Muttergesellschaft hinter dem Unternehmen stehen würde. Keiner müsse sich in den nächsten zwölf Monaten Sorgen um seinen Arbeitsplatz machen. Allerdings hatten die neuen Geschäftsführer die Verpflichtung übernommen, das Unternehmen so schnell wie möglich in den Bereich der „schwarzen Zahlen“ zurückzuführen. Ziel meiner Rede war, dass die Mitarbeiterinnen und Mitarbeiter Vertrauen zu mir bekommen und mich als Ansprechpartner nutzen. Das Fernziel bestand darin, die Menschen wieder zur Kommunikation miteinander zu bewegen. Als Botschaft hatte ich mir aufgeschrieben: „Kommt aus euren Löchern und packt an. Es gibt eine einmalige Chance, die es zu nutzen gilt.“

Mir war klar: Ich musste mit erheblichem Gegenwind rechnen, denn nach den Erfahrungen der Mitarbeiter mit der geschassten Geschäftsführung war Offenheit ein Fremdwort geworden. Deshalb hatte ich mich ganz besonders auf Zwischenrufe, Störungen und Stolpersteine eingerichtet. Offenbar war das Unternehmen vor allem in eine Schräglage geraten, weil sich die wichtigsten Bereiche nicht mehr austauschten und jeder versuchte, seinen Hof sauber zu halten, dabei aber den eigenen Dreck vor die Tür der anderen zu kehren. Der Vertrieb schimpfte auf die Produktion, das Controlling auf die EDV, die Personalabteilung auf den Betriebsrat – und alle über das frühere Management. Um mein Ziel, die Menschen wieder ins Gespräch zu bringen, zu erreichen, nutzte ich das Beispiel mit dem Rückgrat. Als Oberstruktur entschied ich mich für eine verkürzte „Aufsatztechnik“, die ich mit „Ketten“ unterfütterte und denen ich mit Hilfe von Anaphern Kraft verlieh. Der Aufmacher ist mir erst dann eingefallen, als mich der neue Geschäftsführer vorgestellt hatte. Ich griff seine Worte: „Wir werden wieder stark sein“ auf und füllte sie mit der „wahren Geschichte aus dem Leben“. Normalerweise hätte ich mich als Gast und Neuling zu Beginn meines Vortrages vorstellen müssen. Für diese Vorstellung griff ich zu dem Trick, dem Geschäftsführer im wahrsten Sinne des Wortes vorzuschreiben, was er zu mir und über mich sagen sollte. Soweit die Vorarbeit, nun aber die Rede, die ich Ihnen vollständig wiedergebe – zwischen den einzelnen Redebausteinen finden Sie immer wieder Anmerkungen, die Ihnen die Struktur des Vortrages verdeutlichen.

Die Rede:

Spontaner Aufmacher

Sie wollen also wieder stark werden? Mir fällt im Zusammenhang mit Stärke spontan das Bild eines muskelbeladenen Bodybuilders ein. Kraft und Stärke = Gewinnen und siegen!

Lassen Sie mich eine kleine Anekdote erzählen, die mir gerade einfällt: Mein damals 17-jähriger Sohn lud mich zu einem Ringkämpfchen ein. Eher mitleidig lächelnd stimmte ich – noch ganz sportlich – ein. Doch bevor ich mich richtig versah, hatte er mich mit einem geschickten Judogriff auf die „Matte“ geschickt.

Vorbereiteter Teil des Aufmachers – Hinführung

Seit diesem Augenblick dämmert es in meinem Kämmerchen, dass stark sein nicht unbedingt nur was mit Kraft zu tun haben muss!

Stärke bedeutet für mich auch Technik und Geschick, Schnelligkeit, Wendigkeit und Taktik. Stark sein kann auch bedeuten, die Möglichkeiten des anderen richtig einzuschätzen, den Schwung des Gegenübers zu nutzen!

Begrüßung

Guten Tag, meine Damen und Herren.

Erste Argumentationsstufe „Aufsatz" – erster Gedanke: Selbstbewusstsein und Selbstvertrauen

Stark sein hat für mich sehr viel mit Selbstbewusstsein und Selbstvertrauen zu tun. Damit, sich selber, seiner Fähigkeiten und Schwächen, bewusst zu sein und sich selber zu trauen und auf sich und eben die eigenen Fähigkeiten zu vertrauen!

Zweiter Gedanke: Flexibilität und Mut

Stärke hat auch etwas zu tun mit guter Beobachtungsgabe, Reaktionsfähigkeit, Flexibilität und mit der Gabe, auch Liebgewonnenes und Selbstverständliches loslassen zu können! Stark sein bedeutet auch, den Mut zu haben, unbequeme und ungewöhnliche Dinge zuzulassen, um sie dann auch zu tun.

Dritter Gedanke: Stärke des neuen Managements

Ich halte es für ein Zeichen von Stärke, wenn das Management dieser Organisation mir den Auftrag erteilt, neue, ungewöhnliche und unbequeme Wege aufzuzeigen und mit Ihnen gemeinsam zu gehen.

Überleitung

Nun stehe ich hier, habe gerade einige Tage in das Unternehmen hineingerochen – und vielleicht erwartet der eine oder andere von mir *die* Patentlösung?

Begründung für die folgenden Überlegungen

Die, das verspreche ich Ihnen gleich zu Beginn, kann und werde ich Ihnen nicht geben. Nicht nur, weil ich viel zu wenig von dieser Organisation und von Ihnen weiß. Vor allem, weil ich grundsätzlich nichts von Patentlösungen halte! Patentlösungen haben nämlich meistens einen Haken, und es kann eine spannende Sache sein herauszufinden, was alles schief läuft, wenn sich eine Patentlösung durchsetzt!

Aufmerksamkeitswecker Thema

"Menschen, Rückgrat und Potenzial unserer Firma", heißt mein Thema. Als ich gefragt wurde, ob ich zu diesem Thema was sagen kann, fiel mir ein Aphorismus von Robert Lembke ein:

"Das Rückgrat ist derjenige Körperteil, der dem Menschen den aufrechten Gang ermöglicht!"

Hinführung zur Unterschiedlichkeit von Menschen

Wenn es das Rückgrat ist, das dem Menschen den aufrechten Gang ermöglicht, die Menschen gleichzeitig das Rückgrat des Unternehmens sind, dann könnten wir folgende Gleichungen aufstellen:

Rückgrat = aufrechter Gang und

Menschen = Rückgrat des Unternehmens

Diese um Rückgrat gekürzt ergibt: Menschen = aufrechter Gang des Unternehmens!

Stimmt diese Formel, und daran glaube ich fest, auch wenn ich in der Schule in Mathe stets ganz knapp an der Vier minus vorbeigeschrammt bin, dann sind es die Menschen, die einem Unternehmen den aufrechten Gang ermöglichen!

Ich möchte gerne noch ein paar rein anatomische Parallelen ziehen:

Das Rückgrat besteht aus knöchernen Wirbeln und Knorpelscheiben, den sogenannten Bandscheiben. Im Rückgrat eingebettet verlaufen im Rückenmark die Haupt-Nervenstränge des Menschen. Mehr oder weniger ausgeprägte Muskelpartien sorgen letztlich dafür, dass das alles zusammengehalten wird.

Die Funktion des Rückgrates hat eine Menge mit dem aufrechten Gang zu tun. Aber nur wenn es als Ganzes funktioniert – und wir Menschen tun gut daran, auf dieses Rückgrat zu achten, es zu pflegen und zu schützen. Es ist unser einziges!

Jedes Teil des Rückgrates hat seine spezielle Funktion. Die eher starren und spröden Wirbelknochen sorgen für Stabilität, die elastischen Knorpelscheiben für Flexibilität, das Rückenmark für die Sensorik – die Übermittlung von Informationen. Die Muskeln letztlich besorgen den Zusammenhalt.

Nutzen von „harten Knochen"

Stellen Sie sich mal ein Rückgrat ohne die starren, spröden Knochen vor! Der Mensch, der über so ein Rückgrat verfügen würde, würde seinen Kopf vermutlich wie einen Gummiball an der Leine herumtragen müssen.

Stellen Sie sich aber ein Unternehmen ohne Mitarbeiter vor, die über Beharrungsvermögen verfügen! – Ich vermute, so schnell und nachhaltig wie dieses Unternehmen am Boden liegt, kann keine Bank Konkursantrag stellen!

Nutzen von „Flexibilität“

Stellen Sie sich ein Rückgrat ohne Bandscheiben vor! Wer je mit einem Bandscheibenvorfall zu tun hatte, wird wissen, wie unerträglich schmerzhaft es ist, wenn Knochenwirbel direkt auf Knochenwirbel reibt. Wie stocksteif, stets darauf bedacht, mit jeder Bewegung dem Schmerz auszuweichen, wird ein Mensch gehen, dem das passiert? An elastisches Marschieren oder gar Laufen ist nicht zu denken, der Mensch ist gerade froh, wenn er in Ruhe gelassen wird.

Stellen Sie sich ein Unternehmen vor, in dem es an ausgleichenden, flexiblen Menschen fehlt. Ein Unternehmen, in dem Starrheit und Starrsinn aneinander reiben. Können Sie sich vorstellen, dass dieses Unternehmen noch flexibel auf Marktgegebenheiten reagieren kann?

Wert von Kommunikation

Stellen Sie sich ein Rückgrat vor, in dem sich die Nervenbahnen des Rückenmarks nicht mehr frei entfalten können. Stellen Sie sich einen Menschen mit einem Bandscheibenvorfall vor, bei dem sich Rückenwirbel so verschoben haben, dass ausgerechnet diejenigen Nervenbahnen beeinträchtigt sind, die die Motorik der Beine steuern. Was glauben Sie, wie gut solch ein Mensch wird laufen können? Gar nicht! Möglicherweise wäre er querschnittsgelähmt, auf den Rollstuhl angewiesen, im ungünstigsten Fall ans Bett gefesselt!

Stellen Sie sich ein Unternehmen vor, in dem – aus welchen Gründen auch immer – die Kommunikationswege beeinträchtigt sind. So beeinträchtigt, dass sich Bereiche untereinander auf den offiziellen Kommunikationswegen nicht mehr flüssig miteinander austauschen, vielleicht nicht mehr austauschen wollen. Ein Unternehmen, in dem Informationen bewusst zurückgehalten werden. Was glauben Sie, wie effektiv dieses Unternehmen für seine Kunden arbeiten könnte?

Zusammenfassung: Funktion des Ganzen

Also: Jedes Teil des Rückgrates hat seine Bedeutung! Ist nur ein Wirbel, eine Bandscheibe, ein Nervenstrang beschädigt, dann hat das sofort Auswirkungen auf das System Mensch!

Überleitung zur Firmensituation: Aufmerksamkeitswecker Behauptung

Umgebrochen auf dieses Unternehmen bedeutet das: Jeder Bereich, jeder Mitarbeiter, jeder Mensch, der in diesem Unternehmen arbeitet, ist wichtig. Es ist wichtig, dass er seine Funktion im Gesamtunternehmen kennt und diese zu 100 Prozent ausfüllt. Und das kann er nur, wenn er die Belange des Ganzen im Auge behält.

Wenn jeder in diesem Unternehmen seinen Job im Sinne des Ganzen zu 100 Prozent macht, dann macht automatisch das gesamte Unternehmen einen 100-Prozent-Job!

Offenlegen der Tatsachen

Es ist kein Geheimnis, dass Ihr Unternehmen in den vergangenen zwei Jahren im Vergleich zu anderen Unternehmen der Branche seinen Job weniger als 100 Prozent gemacht hat.

Einleitung in die Schlussargumentation

Haben aber auch die Mitarbeiter deshalb schlecht gearbeitet? Ich behaupte „nein“. Ich glaube, die Mitarbeiter haben das Beste gegeben, was ihnen möglich war. Irgendein Teil des Systems hat – denken Sie an mein Beispiel – seinen Job eben nicht vollständig erfüllt, und wahrscheinlich war es deshalb den anderen Teilen nicht möglich, so gut zu funktionieren, wie sie es hätten tun können. Das ist dann besonders tragisch, wenn diese Teile voll funktionsfähig gewesen wären.

Kette und Anapher

Ihr neues Management hat mir eine Aufgabe übertragen, auf die ich mich sehr freue. Ich darf gemeinsam mit Ihnen herausfinden, woran es gelegen haben mag. Dafür darf ich mit Ihnen reden, darf mir Ihre Vorschläge und Kümmernisse anhören und darf über die Inhalte der Gespräche dem Management gegenüber schweigen.

Ihr Management hat mir die Aufgabe gegeben, ihm auf Basis der Gespräche mit Ihnen Verbesserungsvorschläge zu unterbreiten, auch dann, wenn diese Vorschläge unbequem sein sollten.

Ihr Management wünscht von mir direktes Feedback über alles, was mir so in diesem Unternehmen auffällt. Dahinter steckt der Gedanke, dass das gesammelte Wissen aller Mitarbeiterinnen und Mitarbeiter dieses Unternehmens mehr wert ist als ein Blickwinkel einer einzelnen Persönlichkeit, mag sie noch so klug oder neu sein.

Zusammenfassung 1: Telefonnummer, Mitarbeiterin

Deshalb richte ich an Sie die Botschaft: Reden wir miteinander. Ich biete Ihnen gleichermaßen Einzel- wie Gruppengespräche an. Wer sich mit mir unterhalten mag, für den habe ich ein offenes Ohr. Einen Gesprächstermin bekommen Sie unter der Telefonnummer 333. Vereinbaren Sie entweder direkt mit mir oder mit Frau Müller, die mich unterstützen wird, einen Termin.

Zusammenfassung 2: Aufbruch, Möglichkeiten

Arbeiten wir gemeinsam Verbesserungsvorschläge aus, wissend, dass nicht jeder Vorschlag realisiert werden kann, und wissend, dass es Entscheidungen geben wird, über die man geteilter Meinung sein kann. Entscheidend aber wird sein, dass Sie das Rückgrat beweisen, sich auch mit neuen unbequemen Ideen auseinander zu setzen, im positiven Sinne zu streiten und dann zu Ergebnissen zu kommen, die über alles gesehen zufriedenstellend sind.

Schlussreiz

Um wieder stark zu werden, braucht dieses Unternehmen nun einmal Menschen, die bereit sind, Rückgrat zu beweisen und unbequeme Wege aus der Misere zu gehen. Es braucht gleichermaßen die ausgleichenden, die konservativen, die flexiblen und die durchsetzungsfähigen. Es braucht Menschen, die Potenzial haben, Menschen, die Verantwortung übernehmen, damit Sie alle in und mit diesem Unternehmen Perspektiven haben. Es braucht starke Menschen wie Sie! Versuchen wir es miteinander!

8.3 Eine Rede, die Sie kennen müssten

Zum Schluss dieses Kapitels biete ich Ihnen eine Rede an, deren Inhalt Sie schon kennen. Was Sie nun lesen, ist meine Überarbeitung der Rede, die Sie möglicherweise schon seit Kapitel 2 begleitet. Deshalb verzichte ich darauf, Sie mit den einzelnen Schritten ihrer Entstehung zu nerven und wünsche Ihnen beim Vergleich mit Ihrer Fassung viel Vergnügen.

Die Rede

„Computer", so las ich neulich in einer Illustrierten, „beginnen erst dann wirklich menschlich zu werden, wenn einer versucht, dem anderen die Schuld für ein Versagen in die Schuhe zu schieben!" Sie schmunzeln? Recht so, denn gibt es etwas Erfrischenderes, als wenn wir über unsere eigenen Unzulänglichkeiten schmunzeln? –

Meine lieben Kolleginnen und Kollegen!

Zugegeben, mir ist die versteckte Botschaft auch erst ziemlich spät aufgefallen. Aber ist nicht wirklich eine der größten menschlichen Schwächen diejenige, Verantwortung zu übernehmen? Merkwürdig übrigens, dass sich die meisten Menschen danach sehnen, Verantwortung übernehmen zu „dürfen“; sei es in einer verantwortungsvollen Aufgabe, sei es in der Familie oder in einem Verein. Irgendwie scheinen wir nach dem zu streben, was uns Schwierigkeiten macht. Oder verwechselt da mancher „Verantwortung“ gar mit „Macht“?

Verantwortung übernehmen bedeutet für mich, bewusst ein Risiko zu tragen, mit den Konsequenzen zu leben, egal, ob sie angenehm oder schmerzhaft sind. Ist Ihnen schon mal aufgefallen, dass das Verb „antworten“ der Kern der „Verantwortung“ ist? Was heißt das, antworten? Bleiben wir doch beim Beispiel „Computer“: Wenn ich eine Antwort von meinem Computer bekommen will, dann muss ich ihm vorher eine Frage stellen. Bei meinem Computer gilt: keine Frage, keine Antwort. Fast – denn ich muss eine wichtige Voraussetzung erfüllen, wenn ich eine brauchbare Antwort haben will. Ich muss nämlich prüfen, ob der Computer mit seinem Programm quasi „kompetent“ ist, mir die Auskunft zu erteilen (da ich nicht jedes Programm selbst prüfen kann, vertraue ich den Angaben des Herstellers). Sind diese Voraussetzungen erfüllt, dann kann ich damit rechnen, eine wahrheitsgemäße Antwort zu bekommen. Logisch, nicht wahr?

Wozu dieser Ausflug? Immer wieder werde ich darauf angesprochen, dass die „Kommunikation“ (was ist das anderes als fragen und antworten?) in unserem Unternehmen im Argen läge. „Da muss dringend etwas verbessert werden!“ Und wenn ich frage, was denn zu verbessern sei, dann bekomme ich solche Antworten: „Der“ (meistens ist der Chef gemeint) „informiert uns ja nicht.“ Oder: „Das Management“ (wer auch immer das ist) „sollte mal Stellung beziehen ...“ Oder auch: „Die“ (damit sind dann Mitarbeiter gemeint) „sitzen da und fragen nichts.“

Nicht miteinander zu sprechen heißt zu schweigen, sprachlos zu sein. Wenn ich sprachlos bin, dann versage ich meinem Kommunikationspartner Frage oder Antwort – ich ver-sage! Wenn wir wirklich Kommunikationsschwierigkeiten in unserem Hause haben, dann sollten wir uns alle darüber im Klaren sein, dass jeder von uns seine Verantwortung im Kommunikationsprozess hat. Die Kommunikation verbessern heißt demnach, dass jeder für sich die Verantwortung übernimmt, das

Richtige und den Richtigen zu fragen, wenn etwas unklar ist. Und jeder, der gefragt ist, übernimmt die Verantwortung dafür, ob er antwortet, und dafür, dass die Antwort in Ordnung ist.

So einfach könnte es sein, aber wir sind ja keine Computer und es gibt Schuhe ... Aber vielleicht sind wir Menschen untereinander so lernfähig, wie wir es im Umgang mit unseren Computern sind. Wie eingangs gesagt, noch hat man keinen Computer entwickelt, der einem anderen die Schuld für ein Versagen in die Schuhe schieben wollte.

Zusammenfassung

- Wenn Sie sich in dem Verfassen von Reden üben wollen, halten Sie sich strikt an das Treppenkonzept.
- Wenn Sie etwas Übung haben, wird Ihnen der Aufbau Ihrer Reden nach dem Treppenkonzept in „Fleisch und Blut" übergegangen sein.

Individueller Lernweg: „Schreiben Sie eine Rede!"

Endlich ist so weit! Nun kommen Sie vielleicht ins Grübeln, denn jetzt schreiben Sie bitte *Ihre* Rede! Ich schlage Ihnen vor, sich thematisch entweder an dem Inhalt einer der drei Musterreden des achten Kapitels zu orientieren. Dann könnte Ihr Thema lauten:

- die Redesituation: eine Begrüßungsrede, zum Beispiel zur Begrüßung eines neuen Mitarbeiters, eines neuen Chefs.

- die Redesituation: Sie stellen sich als neue Führungskraft in Ihrer Abteilung vor und wollen die Mitarbeiter für sich gewinnen.
- die Redesituation: Sie richten an Ihre Mitarbeiter einen Appell.

Oder Sie suchen sich ein „eigenes“ Thema aus, das Ihrem (beruflichen oder privaten) Umfeld entlehnt ist. Immer aber gilt: Ihre Rede sollte auf keinen Fall länger als zwei Schreibmaschinenseiten sein, also nicht mehr als 4.000 Zeichen umfassen.

9. Mit Stolpersteinen, Störungen und Zwischenrufen richtig umgehen

Was Sie in diesem Kapitel erwartet

Dieses Kapitel beschäftigt sich mit den kleinen und großen Katastrophen, durch die dem Redner das Leben manchmal schwer gemacht wird. Aber all das ist vermeidbar, wenn Sie als Redner von den Klippen wissen und sie schon bei der Redevorbereitung umschiffen. Von dem marokkanischen Sprichwort „Vertraue auf Gott, aber binde dein Kamel an!“ haben Sie ja schon gehört. Diese Lebensweisheit lässt sich auf die Situation eines jeden Redners beziehen und könnte dann lauten: „Vertraue auf dich und deine Stärken, aber bereite dich dennoch anständig vor.“ Und es mag sogar vorkommen, dass sich eine kritische Situation und ihre Bewältigung dazu nutzen lässt, dem „Königssatz“ der gelungenen Rede gerecht zu werden: „Rhetorik ist die Kunst, Menschen zum Zuhören zu bewegen.“ Die Art und Weise, wie Sie mit Stolpersteinen, Pannen und Zwischenrufen umgehen, bietet Ihnen zahlreiche Möglichkeiten, sich Ihrem Publikum als souveräner Redner zu präsentieren, der auch in schwierigen Situationen authentisch und glaubwürdig bleibt.

9.1 Die Bewährungsprobe: Vermeiden Sie Stolpersteine in dramaturgisch wichtigen Redeabschnitten

Die vier größten Stolpersteine, die sich die allermeisten Redner selbst in den Weg legen, sind:

- Sie haben keine Botschaft.
- Der Vortrag hat kein Ziel.
- Sie wissen nicht, wer ihnen zuhört und welche Bedürfnisse die Zuhörer haben.
- Und sie haben sich nicht die Zeit genommen, sich anständig vorzubereiten.

Doch es gibt auch ganz praktische Fehler, die Sie machen können, das gilt für jeden Teil der Rede: den Anfang, den Schluss und den Mittelteil.

Wie aus einem „Aufmacher" ein „Abflacher" wird

Gerade der Anfang einer Rede bietet Ihnen große Chancen, Ihr Publikum zu gewinnen, weil die Aufmerksamkeit hier ganz besonders hoch ist – leider aber gibt es an dieser wichtigen Stelle auch viele Risiken. Und wenn Ihnen der Beginn der Rede gleich missglückt – ja dann droht Ungemach! Denn wenn Sie gleich zu Beginn Ihre Zuhörer verlieren, dann wird es schwer, sie wieder zurückzugewinnen.

Nehmen wir einmal an, Ziel und Botschaft seien bekannt, ebenso liegen Ihnen genügend Informationen über Ihre Zuhörer vor, und Zeit sich vorzubereiten, gibt es auch. Dann heißt es, die kleinen Fallgruben zu beachten und zu vermeiden, die bei der Ausarbeitung Ihres Aufmachers entstehen können:

Negativ-Beispiel 1: Die Entschuldigung

„Guten Tag, meine Damen und Herren. Bevor ich meinen Vortrag beginne, möchte ich mich gleich für meine etwas unzureichenden Folien entschuldigen. In der Hektik des gestrigen Tages ...“

> **Merke:** Mit einer Entschuldigung sorgen Sie nur für Verwirrung und Verärgerung beim Publikum!

Negativ-Beispiel 2: Zuviel des Guten

„Sehr geehrte Damen und Herren, es ist mir eine Freude und eine besondere Ehre, heute hier vor Ihnen stehen und sprechen zu dürfen. Schon mein Vater hatte sich diese außerordentliche Ehre erhofft, ja sogar erwünscht, denn wann hat man schon einmal die Möglichkeit, vor einem so erlesenen und hochstehenden Publikum wie Ihnen reden zu dürfen (bla, bla, bla ...“ – Entschuldigung).

> **Merke:** Bescheidenheit ist eine Zier – mit solchen Einleitungen vergeigen Sie jegliche Glaubwürdigkeit.

Negativ-Beispiel 3: Fachchinesisch

„Sehr geehrte Damen und Herren, ich will gleich ins Thema einsteigen. Sie alle wissen, die elektrohydraulische Bremse arbeitet noch mit einer hydraulischen Rückfallebene, während die Brake-by-wire-Bremse via sensorischer Interpretation Signaleingaben in Fahrverzögerung umsetzt.“

> **Merke:** Verständlich – leider nur für Ingenieure!

Negativ-Beispiel 4: Branchensprechblasen

„Liebes Publikum, heute wollen wir gemeinsam im Teamwork das Come-Together-Konzept umsetzen. Die Location ist übrigens exklusiv; ich denke, dass wir hier erstaunliche Synergieeffekte erzielen können.“ (Dieses Beispiel habe ich aus dem amüsanten Roman „Traumfrau mit Nebenwirkungen“ von Amelie Fried abgeschrieben.)

Merke: Bitte Deutsch sprechen, auch wenn es schwer fällt und „Denglisch“ gerade modern ist!

Negativ-Beispiel 5: Ich erzähle Ihnen nun mal was ...

„Guten Tag, sehr geehrte Damen und Herren, mein Thema ist heute das ‚Inselkonzept im Vertrieb'. Meine Lieblingsinsel ist Korsika. Schon Napoleon hat gesagt, dass er Korsika an seinem Duft erkennen würde. Dem kann ich nur beipflichten, auch ich liebe diesen wunderbaren Duft der Macchie, dieses herbe und doch süßlich südliche Klima – insbesondere in den Bergen dieser wunderbaren Insel ...“

Merke: Eine nette Einleitung mit einem persönlichen Erlebnis ist ja schön, aber bitte auf Ausschweifungen verzichten!

Negativ-Beispiel 6: Publikumsbeteiligung

„Liebe Zuhörerinnen und Zuhörer! Na, was denken Sie, was ich hier in der Aktentasche habe – raten Sie mal, ja Sie da vorne, in der ersten Reihe. Na, was ist darin? – Oder Sie hier vorne, im roten Kleid – wie heißen Sie denn? – Birgit, schöner Name! Na, was glauben Sie wohl, was ...“

Merke: Das Publikum will etwas von Ihnen hören! Sie verderben sich die Sympathien, wenn Sie Menschen auf eine zu übertriebene Weise direkt ansprechen. Also, verzichten Sie darauf!

Wie Sie sich den Schluss vermasseln

Sie wissen es ja bereits: Der Schluss ist ebenso wichtig wie der Anfang. Der erste Eindruck ist der entscheidende, der letzte Eindruck ist der bleibende. Immer wieder aber erlebe ich schlimme Fehler am Ende von Vorträgen. Deshalb habe ich hier zur Warnung einige – Achtung, alles Originalzitate – notiert:

Negativ-Beispiel 1: Die Entschuldigung

„So, das war's dann. Ich bitte Sie, meine Damen und Herren, die schlechten Folien ebenso zu entschuldigen wie meine Versprecher. Ich bin es normalerweise nicht gewohnt vor einem solchen Auditorium zu sprechen, hoffe aber, dass ich Ihnen mit meinen bescheidenen Hinweisen ein wenig weiterhelfen konnte ..."

Merke: Diese Spezies kennen wir schon vom Aufmacher. Am Schluss ist die Entschuldigung ebenso unangebracht wie am Anfang. Also: Vermeiden!

Negativ-Beispiel 2: Der „Es muss sein"-Schluss

„Nachdem ich Ihnen nun die wichtigsten Eckdaten unserer Finanzplanung erläutert habe, möchte ich Ihnen noch eine kleine Geschichte erzählen, die nichts mit meinem Thema zu tun hat. Ich habe nämlich vor drei Wochen ein neues Magazin gelesen, das mir eine Werbeagentur sozusagen als „Testleser" zukommen ließ. Ich sollte also eine Beurteilung abgeben, was ich von diesem Magazin halte. Und ich muss

Ihnen sagen: Bis jetzt habe ich noch keine Seite darin gelesen. Ich danke Ihnen für Ihre Aufmerksamkeit!"

> **Merke:** Klug sind die Leute, die nichts zu sagen haben – und dann schweigen. Dieser Schluss ist so überflüssig wie ein Kropf. Deshalb: Weglassen!

Negativ-Beispiel 3: Vergesslichkeit

„Ach ja, nachdem ich nun meinen Vortrag beendet habe, fällt mir noch ein wichtiges Detail ein, das ich vorhin vergessen habe und das ich unbedingt erwähnen möchte, weil es das Gesamtbild meiner Ausführungen nicht unwesentlich beeinflusst!"

> **Merke:** Sie mögen etwas vergessen – wenn dem so ist, dann klären Sie es in der anschließenden Diskussion auf. Dann aber als zusätzliche Information!

Negativ-Beispiel 4: Der ausgefallene Schluss

Unter dem ausgefallenen Schluss verstehe ich, dass der Redner plötzlich endet – im wahrsten Sinne des Wortes: ohne Zusammenfassung, ohne Ankündigung, ohne den geringsten Hinweis. Plötzlich hört der Redner einfach auf zu reden! Aus und vorbei.

> **Merke:** Ein Schluss muss als Schluss erkennbar und angekündigt sein. Wie ein Countdown: 3 – 2 – 1 – Ende!

Negativ-Beispiel 5: Der multiple Schluss

„Bevor ich jetzt zum Ende komme, lassen Sie mich bitte zusammenfassen: ..." – Es folgt eine perfekte Zusammenfassung, kurz und eingängig. Das Publikum ist vorbereitet auf das Ende – doch dann hebt der Redner noch einmal an: „Ganz zum Schluss möchte ich Ihnen sagen, wie wichtig mir folgende Gesichtspunkte sind ...“ – Und es geht auf die Ehrenrunde. Doch dann endlich: „Und meine wirklich allerletzten Gedanken möchte ich auf folgende Tatsachen lenken ...“

Dieser Schluss lässt den Schluss zu, dass der Redner schlussendlich keinen Schluss finden will!

> **Merke:** Ein Schluss ist ein Schluss. Jede Ehrenrunde ist eine zu viel. Wie beim Biathlon: Wer gewinnt schon mit zwei Strafrunden einen Sprint?

Negativ-Beispiel 6: Der endlose Schluss

Er beginnt schon in der Mitte des Vortrages. Manchmal sogar schon am Anfang. Der Redner wiederholt alle seine Argumente und Gedanken noch einmal in voller Länge. Die Hälfte des Vortrages ist überflüssig.

> **Merke:** Langweilen Sie Ihre Zuhörer nicht mit zu viel Geschwafel. Was Sie beim ersten Mal nicht auf den Punkt gebracht ausdrücken können, das geht beim zweiten Mal garantiert auch schief. Vermutlich haben Sie sich bei der Vorbereitung zu wenig Mühe gegeben.

Stolpersteine im Mittelteil der Rede

Es mag ja sein, dass ich den wichtigen Dramaturgiepunkten bislang eine besondere Aufmerksamkeit gewidmet habe. Aber natürlich kann sich jeder Redner auch im Mittelteil seiner Rede jede Sympathie beim Publikum verscherzen. Deshalb hier einige Hinweise auf das, was „man“ besser vermeiden sollte.

Vermeiden Sie langatmiges und langes Aufzählen von Daten und Fakten!

Überlange Aufzählungen richten sich einseitig an den Verstand. Und dieser Verstand hat nun mal ein begrenztes Aufnahmevermögen, das immer geringer wird, je weniger das Gehirn ausreichend mit Sauerstoff versorgt wird (und der ist in den wenigsten Vortragsräumen vorhanden). Der Einbau eines „Zahlenfriedhofs“ kann natürlich eine strategische Bedeutung innerhalb des Redekonzeptes haben. Manche Zuhörer sind vielleicht von Zahlenjongleuren beeindruckt. Aber: Zahlen und Fakten werden nicht behalten und dienen deshalb wohl vor allem der Demonstration der Kompetenz des Redners. Hingegen sind sie weniger geeignet, das Publikum zu begeistern. Also besser: Die Fakten in ein Handout schreiben und jedem zur Verfügung stellen – und im Vortrag das Wichtige sagen!

Der falsch verstandene Humor

Humor ist in einer Rede durchaus nicht fehl am Platze, habe ich in dem Dramaturgie-Kapitel behauptet. Ganz im Gegenteil, er gibt der Rede die richtige Würze. Falsch verstandener oder falsch angewendeter Humor allerdings kann die Suppe gehörig versalzen und beim Publikum genau das Gegenteil von dem bewirken, was der Redner erhofft hat. Verzichten sollten Sie auf:

- Ironie (abgeleitet von dem griechischen Wort für „Verstellung“). Als Ironie bezeichnen wir eine Rede oder Verhaltensweise, mit der die Aussage eines anderen nur scheinbar ernst genommen und die vorgespiegelte Zustimmung sogleich durch Mimik oder Gegenrede wieder zurückgenommen wird. Als „maskierter“ Schwebezustand zwischen Zustimmung und Ablehnung, Ernst und Scherz, geht die Ironie auf die Vernichtung ihres Gegenstandes aus.
- Sarkasmus will trennen, treffen, verletzen, unter die Haut gehen, ins Fleisch schneiden.

- Mit Zynismus verschafft man sich auf Kosten eines anderen ein paar Lacher, der andere aber ist blamiert, verliert sein Gesicht.
- Der Spott wiederum bemäntelt seine zerstörerische Absicht gar nicht mehr mit dem Versuch, ein – im letzten versöhnliches – Lachen zu erzeugen. Vor allem der beißende Spott geht geradewegs auf die Vernichtung des anderen zu, indem er die Lanze – mit spitzer Zunge – in die Schwachstelle des Gegners stößt.
- Sexismus richtet sich gegen das andere Geschlecht, wobei es meiner Meinung nach natürlich ganz gleichgültig ist, ob es sich um weiblichen oder männlichen Sexismus handelt.
- Rassismus dagegen greift Menschen anderer Herkunft an, unterstellt ihnen Eigenschaften und verallgemeinert hemmungslos.
- „Witze“ gegen Minderheiten und Randgruppen. Ich halte es für selbstverständlich, weder Behinderte noch Schwule oder Lesben, weder Schwarze noch Menschen, die aus religiösen Gründen Kopftücher oder Kappen tragen, zum Gegenstand eines billigen Lachers während eines Vortrages zu machen.

Grundsätzlich gilt: Humor ist immer das, worüber alle gemeinsam lachen können. Weint nur ein einziger, dann hat das mit Humor wenig zu tun.

Für Beginn und Schluss einer Rede gibt es genügend Möglichkeiten, die Aufmerksamkeit zu wecken und zu halten – und ebenso viele Chancen, Fehler zu machen. Etwas schwieriger ist die Situation im Mittelteil, in dem sich so manches Stilmittel als zweischneidiges Schwert entpuppt. So auch bei den eher schwierigen „Aufmerksamkeitsweckern“, etwa der „direkten Ansprache“. Wenn Sie das Publikum kennen – und wenn die Teilnehmerzahl es zulässt –, dann können Sie es riskieren, die Zuhörer hin und wieder auch namentlich anzusprechen. „Nicht wahr, Frau Maier, das hatten Sie vorhin gemeint.“ Wenn es Ihnen angebracht erscheint und auch ehrlich gemeint ist, ist eine solche Ansprache möglich. Problematisch aber wird die direkte Meinungsabfrage: „Frau Maier, was meinen Sie dazu?“ Denn Achtung: „Schläfer“ könnten geweckt werden oder „Schüchternen“ ist es unangenehm, direkt und namentlich angesprochen zu werden. In solchen Fällen richtet sich der Zorn des Publikums bald gegen Sie!

Ähnlich zwiespältig verhält es sich mit der rhetorischen Frage, die ja eine Frage ist, auf die Sie gar keine Antwort haben wollen. Rhetorische Fragen gelten deshalb einerseits als ein gutes Stilmittel, um die Aufmerksamkeit des Publikums zu testen. Andererseits aber ist Achtung geboten: Stellen Sie sich vor, da will sich einer aus dem Publikum auf Ihre Kosten profilieren – oder ein anderer wartet schon die längste Zeit darauf, zu Wort zu kommen. Plötzlich bekommen Sie Zwischenrufe und unerwünschte Antworten, auf die Sie nun eingehen müssen. Also Vorsicht mit rhetorischen Fragen. Sie sollten Sie nur dann einsetzen, wenn Sie sich Ihrer ganz sicher sind – oder die Frage selbst beantworten, nachdem Sie sie gestellt und eine sehr kurze Pause gelassen haben.

Klappern gehört zum Handwerk – ich kenne einige Redner, die im Mittelteil, in dem die Gefahr, dass die Aufmerksamkeit wegbricht, am größten ist, bewusst Nebengeräusche erzeugen. Zum Beispiel lassen sie in einer kurzen Redepause „ganz unversehens“ einen Stift fallen – oder sie blenden einen kurzen Musikclip ein (im Fachjargon „Jingle“ genannt). In diesem Fall ist also das wirkliche Klappern gemeint. Ein tolles Stilmittel, wenn Sie es beherrschen – aber auch hier gilt: Dosiert einsetzen und mit den Gefahren vertraut sein. Denn die Zuhörer könnten vom Inhalt Ihrer Rede abgelenkt werden und sich nur mehr auf die Nebengeräusche konzentrieren. Und in jedem Publikum gibt es Menschen, die ein Zuviel an Nebengeräuschen aufregt.

Auch der „Stolz auf das Mitgebrachte“ kann nach hinten ausschlagen. Manche Redner bringen kleine Modelle oder Gegenstände mit, um ihren Vortrag zu unterstützen und eine kleine Abwechslung in den Redestrom zu bringen. Sie kennen vielleicht die Zeitungsartikel, die als „Bleiwüste“ daherkommen und deren Autoren man zurufen mag: „Schiebe doch mal eine Abbildung oder Grafik oder ein Foto dazwischen!“ Eine tolle Sache, denn Bilder sagen mehr als tausend Worte, und jedes Modell ist besser als die beste Folie. Ein Modell kann man anfassen und be-greifen, ansehen und beschreiben. Allerdings – wenn das Modell im Plenum herumgereicht wird, dann erzielt man einen unerwünschten Nebeneffekt: Diejenigen, die den Gegenstand gerade in der Hand haben, konzentrieren sich auf den Gegenstand. Und die anderen freuen sich darauf, bald selbst die Glücklichen zu sein. Auf den Redner und das, was er zu sagen hat, konzentriert sich leider niemand mehr ... und so erreichen vielleicht wichtige Informationen nicht mehr den Adressaten.

Auf eine letzte „Gefahr“ möchte ich Sie noch hinweisen. Bescheidenheit ist (k)eine Zier: Wenn Sie etwas zu sagen haben, dann dürfen Sie es auch ausdrücken, auch wenn Sie selbst, Ihre Kompetenz, Ihre Fähigkeiten im Mittelpunkt der Ausführungen stehen. Doch Vorsicht vor den Gefahren des „Zuviel“: Angeberei nimmt Ihnen viel von Ihrer Wirkung als Redner, besonders dann, wenn die Zuhörer Ihnen später, zum Beispiel in einer Diskussionsrunde, auf die Schliche kommen und Ihre Behauptungen sich als Luftblase erweisen.

9.2 Beantworten Sie Zwischenrufe mit Schlagfertigkeit und Humor

Rhetorik ist die Kunst, Menschen zum Zuhören zu bewegen. Manchmal aber gibt es Zeitgenossen, die wollen nicht zuhören, sondern sich auf Kosten des Redners profilieren. Sie stören durch Zwischenfragen und Zwischenrufe. Da braucht es Schlagfertigkeit.

Bevor Sie sich aber mit „Schlagfertigkeit“ befassen, sollten Sie sich noch einmal meine Ausführungen zum Thema „Lampenfieber“ in Kapitel 2 ansehen. Lampenfieber entsteht ja immer dann, wenn wir vor etwas Angst haben. Und Angst haben wir vor einer Rede dann, wenn wir glauben, das Publikum sei uns feindlich gesonnen. Ein feindliches Gegenüber verursacht Stress. Stress bedeutet, dass wir übertrieben viel Adrenalin im Blut haben. Viel Adrenalin im Blut bedeutet, dass unsere Denkfähigkeit eingeschränkt ist. Eingeschränkte Denkfähigkeit wiederum führt dazu, dass auch unsere Schlagfertigkeit deutlich nachlässt. Also: Bevor Sie sich mit „Schlagfertigkeit“ befassen, sollten Sie sich das Kapitel „Lampenfieber“ genau durchlesen.

Wir können getrost davon ausgehen, dass üblicherweise die meisten unserer Zuhörer uns wohlgesonnen sind. Aber auch das Gegenteil kann immer wieder einmal vorkommen. Beispiele hierfür gibt es in Hülle und Fülle:

- Politiker werden beispielsweise ständig damit konfrontiert, dass zumindest ein Teil des Auditoriums – mindestens die Opposition – entgegengesetzter Meinung ist und dies auch nicht gerade zimperlich artikuliert.
- Auch Professoren, Dozenten und Lehrer treffen während ihrer Reden nicht immer auf wohlmeinende Zuhörer. Insbesondere Wissenschaftler müssen sogar damit rechnen, dass ihnen offene Abneigung entgegenschlägt.
- Das täglich Brot der Manager schließlich ist es, dass sie in beruflichen Diskussionen immer wieder auf Menschen treffen, die anderer Auffassungen sind als sie selbst. Vertrieb und Controlling etwa haben oft absolut gegensätzliche Ansichten darüber, wie mit Geld umgegangen werden soll. Auch Betriebsräte und Personalabteilungen vertreten zumeist gegensätzliche Auffassungen, die sie zunächst einmal miteinander ausdiskutieren müssen.

Obgleich Sie also davon ausgehen können, dass Sie überwiegend freundliche Zuhörer haben, kann auch Ihnen jederzeit im Laufe Ihrer Rede Abneigung, Widerwillen oder Spott begegnen. Deshalb möchte ich Ihnen jetzt einige der subtilen Formen des Umgangs mit „Zwischenrufen“ nahe bringen. Auch hier gilt wieder: „Vertraue auf Gott, aber binde dein Kamel an.“

Bei den Zwischenrufen unterscheide ich verschiedene Kategorien. Die einen sind die gewünschten, diejenigen, die es mir als Redner ermöglichen, mit Hilfe der Zurufe das Publikum noch enger an mich und meinen Vortrag zu binden. Mit solchen Zurufen kann ich leicht umgehen, weil sie kalkulierbar sind. Die zweite Art der Zwischenrufe sind jene, auf die der Redner zunächst einmal nicht vorbereitet ist. Zwischenrufe sind dann immer Störungen – und Störungen müssen unmittelbar „behandelt" werden, damit aus einer Störung kein Tumult wird. Das oberste Gebot für den Redner lautet dabei also: souverän bleiben, authentisch bleiben, angemessen reagieren, auch in der schwierigen Situation ganz „man selbst und damit glaubwürdig bleiben". So kann auch der ungerechtfertigteste Zwischenruf zu einem „Big Point" für die Redesituation und für Sie als Redner werden.

Und noch einmal zur Klarstellung: Keineswegs alle Zwischenrufer führen Böses im Schilde. Nicht jeder, der vielleicht flapsig in Ihren Vortrag hineinruft, will Ihnen etwas am Zeug flicken. Manchmal ist ein Zwischenruf sogar als eine Ermunterung zu verstehen – und zuweilen finde ich es sogar spannend, ganz bewusst auf Zwischenrufe zu setzen, damit die Rede ein wenig aufgelockert wird. Echte Verbalattacken jedoch – auch „Killerphrasen" genannt, dazu später mehr – können auch einen geübten Redner aus dem Konzept bringen und selbst einen kleinen Vortrag zu einem Fiasko ausarten lassen.

Wer Zwischenrufe so zu kontern weiß, dass alle ihr Gesicht wahren können, beherrscht wahrlich die hohe Kunst der Schlagfertigkeit. Mein Vorbild an Schlagfertigkeit und Witz war seit frühester Jugend Konrad Adenauer. Die Art, wie er einen Zwischenrufer, der ihm eine veränderte Meinung vorwarf, mit den Worten begegnete: „Wollen Sie mich wirklich daran hindern, von Tag zu Tag klüger zu werden!" – das hatte schon etwas. Was für eine Rede gilt, gilt natürlich auch für einen Zwischenruf: Es ist von Vorteil, wenn Sie sich darauf vorbereiten – wenn Sie wenigstens eine leichte Ahnung davon hätten, ob und von wem Sie mit Angriffen rechnen müssen. Deshalb stellen Sie sich folgende Fragen:

- Wer ist Ihnen nicht wohlgesonnen?
- Wem könnten Sie mit dem Inhalt Ihres Vortrages eventuell auf die Füße treten?

- Wer hat ein Interesse daran, Ihnen zu schaden oder zu widersprechen?
- Wo im Zuhörerraum hält sich vermutlich derjenige auf, der immer seinen Senf dazugeben muss?

Kennen Sie die Antworten auf eine oder mehrere dieser Fragen bereits vor dem Beginn Ihrer Rede, so ist das schon die halbe Miete. Leider ist es oft nicht einfach herauszufinden, was Ihre Gegner vorhaben. Kaum einer offenbart sich frühzeitig. Die meisten warten genussvoll auf den richtigen Moment, um unerwartet zuzuschlagen. Nun sind Sie aufgefordert, angemessen zu reagieren und sich nicht aus dem Konzept bringen zu lassen. Deshalb unterscheide ich die Art der Zwischenrufe in die Gewollten, die Erklärlichen und die Bedrohlichen. Über die gewollten Zwischenrufe habe ich oben schon geschrieben. Kommen wir jetzt zu dem Erklärlichen und zu meinen Vorschlägen, wie Sie damit umgehen sollten.

Eine Rede ist wie ein Slalomlauf. Sie hat ein Ziel und Slalomstangen, um die der Läufer herumkommen muss. Ein guter Skiläufer bereitet sich auf seinen Wettkampf gründlich vor, er weiß, wo die Stangen stehen und mit welchen versteckten Hindernissen er zu rechnen hat. Also spielt er alle Eventualitäten in Gedanken durch. Kein Tor kommt für ihn überraschend, und mit Bodenwellen wird er fertig (meistens zumindest). Für Ihre Rede gilt Ähnliches. Sie sollten wissen, wo die Hindernisse in Form von Zwischenrufen und Zwischenbemerkungen stehen. Also ist es besser, darauf vorbereitet zu sein. Möglicherweise will da jemand stören, das ist die eine Seite. Ob Sie sich stören lassen, ist die zweite Seite.

Ich selber halte es so, dass ich einen Zwischenruf wie einen Pfeil sehe, der auf mich zugeschwirrt kommt und der einfach zu langsam ist, um mich zu treffen. Und dann trete ich gedanklich zur Seite, lasse den Pfeil vorbei fliegen und schaue mir in Ruhe an, aus welchem Material er ist. Ganz grundsätzlich gehe ich davon aus, dass jeder Zwischenrufer im Prinzip etwas Positives erreichen will, wenn auch nicht für mich. Mir fallen dazu folgende Möglichkeiten ein:

- entweder hat er mich *akustisch* nicht verstanden – dann habe ich leichtes Spiel und ich wiederhole einfach, was ich gesagt habe, etwas lauter; oder

- er *kann* mich nicht verstehen – dann ist es etwas schwieriger, weil ich dann ganz offenbar seinen Verständnishorizont nicht getroffen habe. Wenn es mir wichtig ist, dass der Zwischenrufer an dieser Stelle versteht, was ich sagen will, dann suche ich einen anderen Weg, auf dem ich ihm erklären kann, worum es mir geht. Ist es mir nicht wichtig, dass er genau an dieser Stelle versteht, worum es geht, dann bitte ich ihn um etwas Geduld und abzuwarten, ob sich die Dinge nicht aus dem Zusammenhang meines Vortrages erklären.

- Es mag aber auch sein, dass er Informationen will, auf die ich *später* in meinem Vortrag eingehe: Dann bitte ich ihn, sich noch etwas zu gedulden, komme dann aber auf den Zwischenrufer zurück, wenn ich an der entsprechenden Stelle bin. Meistens hole ich dann sogar die Versicherung ein, dass seine Anmerkung sich nun erledigt hat.

Soweit zu den ganz einfachen Zwischenrufen. Es gibt aber auch solche, die schwieriger zu behandeln sind. Nämlich, wenn:

- mich ein Zwischenrufer nicht verstehen *will* – dann geht es darum, ihn und seinen Zwischenruf geschickt abzuwehren. Oder

- er mir *schaden* will.

Was tun, wenn die Absicht des Zwischenrufers darauf aus ist, mich als Redner schlecht aussehen zu lassen? Ich meine, es gehört eine Menge Übung dazu, sich von einer bösartigen Attacke unbeeindruckt zu zeigen. Deshalb sind die folgenden „Maßnahmen“ auch mit einem gewissen Abstand zu betrachten. Sie lesen sich leicht, aber wenn die Situation einmal da ist, wenn Adrenalin und Druck eine Rolle spielen, dann geraten sie allzu oft in Vergessenheit. Also nehmen Sie es leicht, wenn trotz meiner Erfahrungsberichte bei Ihnen die Dinge anfangs anders laufen. Was mache ich also? Der Pfeil des Zwischenrufs schwirrt auf mich zu, ich weiche aus und freue mich darüber. Der Zwischenrufer hat daneben getroffen, ich habe meine Souveränität, Gelassenheit und Selbstsicherheit behauptet. Nun versuche ich seine Absicht zu ergründen. Und das geht so: Ich mache mir bewusst, dass Zwischenrufer in aller Regel eine der folgenden beiden Absichten verfolgen:

- sie wollen den Redner irritieren und bloßstellen oder
- sie möchten sich selbst profilieren.

Nun zu den Praxistipps: Vor allem das Motiv „Irritation und Bloßstellung" können Sie als Redner wunderbar für Ihre eigenen Zwecke nutzen. Was nämlich fürchtet ein Zwischenrufer am meisten? Dass nicht der Redner, sondern er selbst blamiert wird. Und dies können Sie als Redner erreichen, indem Sie den Zwischenrufer mit seinen eigenen Worten auf das tote Gleis schieben. Dazu werde ich Ihnen weiter unten einige Beispiele geben.

Statt auf einen Zwischenruf verbal zu reagieren, probieren Sie es einmal mit Körpersprache. Bei jedem der körpersprachlichen Signale, die ich gebe, habe ich übrigens stets auch einen Gedanken, mit dem ich das Signal unterstütze:

- einen kleinen Augenblick innehalten,
- einmal kräftig durchatmen,
- dem Zwischenrufer zuzwinkern, dabei lächeln (der Gedanke dabei ist: ich habe deine Absicht durchschaut, darüber freue ich mich),
- und dann weiterreden.

Ein kurzes Augenzwinkern in Richtung des Zwischenrufers wirkt Wunder, eine zustimmende Handbewegung, ein Schräglegen des Kopfes. Signale, die ausdrücken: „Ich habe dich gehört, nun ist es aber gut!" Allerdings schlage ich Ihnen vor, sich auf die weniger aggressiven Gesten zu beschränken, denn die hinterlassen erfahrungsgemäß den größten Eindruck und helfen Ihnen am weitesten weiter. Unbedingt vermeiden sollten Sie abwertende Gesten. Eine wegwerfende Handbewegung zum Beispiel verrät, dass Sie selbst getroffen worden sind.

Die etwas härtere Variante – und deshalb mit mehr Vorsicht zu genießen – ist die „Oberlehrervariante“:

- innehalten, und dann den Zeigefinger „drohend“ erheben und den Zwischenrufer dabei anlächeln (Gedanke dabei: Komm, lass es sein, ich weiß, was du willst, aber bitte nicht jetzt).

Eine dritte Möglichkeit geht so:

- innehalten und dann dem Zwischenrufer zunicken und dabei anlächeln (Gedanke hier: Ja, so ist das, aber ich bleibe bei meiner Rede).

Und letztlich biete ich noch die „Mitleidsvariante“ an:

- innehalten, den Kopf ein wenig schief legen,
- den Zwischenrufer einen kurzen Moment anschauen, mit einem möglichst mitleidigen Blick, einmal seufzen und dann einfach weitermachen, als hätte es die Unterbrechung nie gegeben (Gedanke: Schade, dass es nicht geklappt hat, mich aus dem Konzept zu bringen).

Manche Zwischenrufer sind so aggressiv und so von sich selbst überzeugt, dass man sie als Redner nur schwer ignorieren kann. Spätestens nach der dritten, vierten Störung ist klar, welches Ziel sie verfolgen – Provokation um jeden Preis. Provokation durch Zuhörer aber dürfen Sie nicht zulassen! Wenn Sie jemand provozieren will, heißt das für Sie: „Fassung bewahren!“. Wenn Sie aus der Haut fahren oder gar zurückschießen, hat der Angreifer erreicht, was er will. Ihr Redefluss ist dahin, die Inhalte Ihres Vortrages sind auf einmal Nebensache. Plötzlich befinden Sie sich in der Defensive. Und genau da wollte er Sie haben. Provokateure sind häufig daran zu erkennen, dass Sie keine Fragen und keine sachlichen Argumente ins Feld führen. Die typischen Zwischenrufe lauten vielmehr: „Das ist doch Unsinn“ oder „Sie reden nur Unfug“, „Alles Quatsch!“

Ich halte es in solchen Situationen so, dass ich zunächst ein oder zwei dieser Zwischenrufer überhöre. Wenn es mir aber zuviel wird und der ignorierte Zwischenrufer zum Krakeeler mutiert, dann bleibt mir ja nichts anderes übrig, als zu reagieren. Ein Vorschlag: „Wie Sie an den lautstarken Beiträgen des Herren mit der auffällig grünen Krawatte aus der vorletzten Reihe ersehen können, kann man zu diesem Thema durchaus geteilter Meinung sein. Es ist ja auch gut, wenn Menschen unterschiedlicher Meinung sind. Meine Meinung ist folgende, und mit der möchte ich jetzt auch fortfahren ... " Der Vorteil:

- Ich habe dem Zwischenrufer vor dem Publikum klar gemacht, dass ich seine abweichende Meinung wahrgenommen habe (auch wenn er keine eigene Meinung eingebracht hat). Das schwächt ihn für den nächsten Zwischenruf.

- Ich habe seine Position im Raum für alle kenntlich gemacht (vorletzte Reihe). Ganz sicher drehen sich einige Menschen zu ihm um, manche sogar mit vorwurfsvollem Blick oder, für ihn noch schlimmer: mit hämischem Grinsen.

- Und ich habe ihn mit der Bemerkung „grüne Krawatte" so identifiziert, dass nicht zu übersehen ist, wen ich gemeint habe. Ich sage dies in einem Tonfall, der wie eine Feststellung klingt und nicht wie eine Beleidigung. Meistens schmunzelt dann das Publikum – und ebenso oft hält der Zwischenrufer dann den Mund.

„Ich hoffe, Sie können mich alle gut verstehen, auch wenn ich nicht über die immense Lautstärke verfüge wie unser geschätzter Zwischenrufer in der vorletzten Reihe." – dies wäre auch eine Variante, die vermutlich ihre Wirkung hätte. Der Satz stellt den Störenfried bloß und dient den Zuhörern als Beweis für meine Toleranz und Geduld. Vor allem die Höflichkeit, die in dem Adjektiv „geschätzt" steckt, kann entwaffnend wirken. Im Klartext: Nicht ich laufe Gefahr, mich lächerlich zu machen, sondern der Zwischenrufer.

Eine andere Möglichkeit mit Zwischenrufern umzugehen, die vielleicht nur etwas provozieren und den Redner auf seine Standfestigkeit testen wollen, habe ich während meiner Auseinandersetzung mit dem Sport gelernt (obgleich ich diese Parallelen zugegebenermaßen erst 20 Jahre später verstanden habe).

Als ich noch ein relativ junger Mensch war, glaubte ich einmal, das Boxen als Sport für mich entdeckt zu haben. Auch wenn ich nur ein mäßiger Boxer war und mein „Kampfrekord“ aus einer Niederlage besteht, so habe ich dabei doch eine wichtige Weisheit gelernt, die mir heute als Redner sehr nützlich ist: *Der beste Boxer ist der, der nicht getroffen wird – und nicht der, der am wildesten zuschlägt!* Damals sah ich mit Begeisterung die Kämpfe von Muhammad Ali, der seinen Gegnern deshalb überlegen war, weil er ihren Schlägen einfach und elegant ausweichen konnte und so für seine Gegner nicht zu treffen war. Nachdem ich gleich nach meiner ersten Niederlage mit dem Boxen Schluss gemacht hatte (einem Gegner, der nicht besser war als ich, gelang es trotzdem, mich zu treffen – und das tat mir zu weh), habe ich mich mit dem Fechten befasst; denn mein Deutschlehrer war Medaillengewinner bei den Olympischen Spielen und ich wollte eine anständige Deutschnote haben (für den Lehrer lernen wir, nicht für das Leben). Auch er hatte die gleiche Regel: *Ein guter Fechter ist der, der nicht getroffen wird.*

Wieder etwas später bin ich dann zum Fußball gekommen. Auch hier habe ich gelernt, dass eine Mannschaft, die kein Gegentor kassiert, nicht verlieren kann. Also: Eine gute Defensive ist nötig, allerdings kann ich mit einer guten Defensive allein auch kein Spiel gewinnen. Ich muss ab und zu auch schon mal ein Tor schießen. So wie Boxer den Schlagabtausch trainieren, Fechter den Angriff und Fußballer das Tore schießen, so kann ich auch als Redner lernen, meine eigenen Gedanken präzise auf den Punkt zu bringen und unfaire Verbalattacken sozusagen mit einem „schnellen Konter“ zu beantworten.

Manchmal ist es unglaublich schwierig, die Fassung zu bewahren, und manchmal juckt es mich schon, einen Zwischenrufer zu beleidigen. Aber bedenken Sie bitte immer eines: Als Redner dürfen Sie nie die Grenze zur Beleidigung überschreiten. Tun Sie dies, dann haben Sie gleich die gesamte Zuhörerschaft gegen sich. Der Grad zwischen der charmant ironischen Antwort und der bösartigen Erwiderung ist allerdings sehr schmal, und deshalb ist die Methode „schneller Konter“ auch nur mit Vorsicht anzuwenden. Dazu ein Beispiel: Ein Zwischenrufer hat Ihnen gerade den Satz: „Das weiß doch jedes Kind!" zugebrüllt. Mein schneller Konter schaut dann so aus: Ich schaue dem Angreifer kurz ins Gesicht, lege ein wenig den Kopf schief, reiße die Augen auf und sage nur: „Ach?". Anschließend behalte ich den Zwischenrufer noch einen Augenblick nachdenklich im Blick, so als wenn noch etwas Wichtiges kommen würde – und dann fahre ich mit meiner Rede fort, als sei gar nichts passiert. Oder ein Zwischenrufer versucht es mit: „Sie haben doch gar keine Ahnung!". Mein schneller Konter: Mimik und Gestik bleiben die gleiche und ich antworte mit einem erstaunt klingenden: „Huch!" oder „Schau an". Mein Vorteil:

- Ich bin mit keinem Wort auf den absurden Vorwurf eingegangen,
- habe mir keine Blöße gegeben und
- mich auch nicht nachhaltig in meiner Konzentration stören lassen.
- Außerdem habe ich die Lacher auf meiner Seite.

Dass die Reaktionen, die konkreten Äußerungen „Ach" und „Huch", auf den ersten Blick anscheinend ein wenig sinnlos sind, kann mich nicht weiter beschäftigen, denn wer könnte von mir verlangen, auf böswillige Attacken stets sinnvoll zu reagieren. Einige andere Beispiele für meine schnellen Konter sind Phrasen wie „Hoppla" oder „Na so was" oder auch „Aha" oder „Sag bloß" oder auch „Da schau her". Besonders beliebt bei mir ist die „Loriot-Variante": „Ach was!".

Manche Zwischenrufe sind so lächerlich, dass der Zwischenrufer alleine durch die Absurdität seines Zwischenrufs bei mir Mitleid hervorruft. Ein Beispiel: In einer Rede, bei der es darum ging, in einem Unternehmen eine Reorganisation anzukündigen, meinte der Vorsitzende des Betriebsrates, mir mit folgender Bemerkung den Wind aus den Segeln nehmen zu können: „An Ihrer Stelle wäre ich vorsichtig mit solchen Äußerungen – Sie sind nur ein Externer und wir können Ihnen jederzeit die Aufträge entziehen!" Absurd war die Behauptung, weil ich meinen Auftrag natürlich von der Geschäftsleitung bekommen hatte und nicht vom Betriebsrat. Natürlich hatte er keinen Einfluss darauf, ob ich den Auftrag behalte, aber ich rede dennoch niemandem nach dem Mund. Meine Antwort: „Vielen Dank, Herr Müller. Ich finde es bemerkenswert, dass Sie sich meinetwegen Gedanken machen, aber ich möchte dennoch betonen, worum es mir hier geht." Eine andere Möglichkeit wäre gewesen: „Oh, ich merke schon, dass Sie sich wirklich in meine Lage versetzen können, und ich bewundere diese Fähigkeit an Ihnen, aber lassen Sie mich trotzdem noch einmal darauf hinweisen, dass ..."

Zur Kategorie der ironischen Komplimente gehört ein Zwischenruf wie etwa: „Denken Sie wirklich, dass irgend jemand diesen Unsinn glaubt?" In diesem Fall biete ich folgende Variante an: „Vielen Dank für Ihren Hinweis, dass ich möglicherweise mit meiner Meinung alleine stehe. Aber dennoch möchte ich meinen Standpunkt darlegen, und der lautet wie folgt ..." Eine mögliche Antwort auf den Zwischenruf: „Das kann ja jeder sagen" ist: „Genau, das kann jeder sagen, aber ich bin anscheinend der Einzige, der es sich traut" oder: „Richtig, sagen kann es jeder, aber offensichtlich haben die wenigsten den Mut dazu." Bei dem Zwischenruf: „Das ist doch alles an den Haaren herbeigezogen!" bietet sich zum Beispiel die Antwort an: „Nun, wenn ich an Ihrer Stelle wäre, würde ich das auch so sehen, aber das ändert nichts daran, dass ..." – und weiter im Redetext.

Manche Zwischenrufer wollen beleidigen! Selbst wenn ich innerlich darüber stehe, kann es vorkommen, dass mir das zu weit geht. Nehmen wir einmal an, ich hätte bis dahin alles probiert, was ich vorher aufgezeigt habe, der Zwischenrufer ließe sich aber einfach nicht in die Schranken weisen. Und nehmen wir ebenfalls an, niemand aus dem Publikum hätte auf meine Versuche, den Zwischenrufer in die Schranken zu weisen, in meinem Sinne reagiert. Und nun nehmen wir noch an, dass es unmöglich ist, sich mit dem Zwischenrufer argumentativ auseinander zu setzen (weil er sich so sehr in seine Rolle hineingesteigert hat, dass er für Argumente nicht mehr zugänglich ist, und außerdem glaubt, ein Großteil des Publikums teile seine Auffassung). Der Zwischenrufer will sich also mit seinen Attacken die Zustimmung des Publikums sichern. Das ist der Augenblick, in dem es für mich heißt, eine Grenze zu ziehen und diese Grenze dann auch klar und deutlich aufzuzeigen. Ich gehe dann folgendermaßen vor: Zunächst suche ich den Blickkontakt zum Zwischenrufer, schaue ihm für einige Augenblicke in die Augen und ...

... **appelliere an den guten Stil**: „Ich habe Ihnen bei Ihren Einwürfen bis jetzt gut zugehört – Sie tun das bei mir offensichtlich nicht. Ist das wirklich Ihr Stil?“ Mit dieser Frage zwinge ich ihn zur Auseinandersetzung mit seiner Protesthaltung.

... **spreche an, dass er mich gekränkt hat**: An das Publikum gerichtet sage ich dann: „Einen kleinen Augenblick bitte.“ Dann wende ich mich direkt an den Zwischenrufer: „Ich empfinde, dass Sie die Grenze zur Beleidigung überschreiten. Haben Sie dies wirklich nötig?“ Um dann wieder an alle gerichtet fortzufahren: „Ich bitte Sie, mir fairerweise die Chance zu geben, nun zu Ende zu reden.“ Damit mache ich einerseits deutlich, dass mich der Zwischenrufer gekränkt hat, ich andererseits viel Geduld bewiesen habe. Gleichzeitig appelliere ich an die anderen Zuhörer, mir eine faire Chance zu geben.

... **fordere eine Entschuldigung**: „Ich habe Ihnen meiner Meinung nach keinen Grund geboten, mich persönlich zu beleidigen. Sie tun es trotzdem! Ich erwarte von Ihnen, dass Sie sich bei mir entschuldigen.“ Die Wahrscheinlichkeit, dass sich der Zwischenrufer entschuldigt, ist denkbar gering. Wahrscheinlich muss ich nach dieser Aufforderung mit weiteren verbalen Attacken rechnen. Dann setze ich als Nachfolgetechnik den „Sprung in der Platte“ ein. Bei jeder neuen Attacke sage ich lediglich: „Ich warte noch immer auf eine Entschuldigung von Ihnen.“ Spätestens nach dem dritten Versuch werfe ich noch einmal einen Blick in seine Richtung, zucke die Achseln und fahre dann in meiner Rede fort. Das ist dann für das Publikum praktisch das Signal, dass ich alles für eine vernünftige Regelung getan habe, eine solche aber offensichtlich nicht möglich war.

Manche Zwischenrufer versuchen den Redner auch mit Beleidigungen zu provozieren, die einem Zoodirektor alle Ehre machen würden. Bemerkungen wie „Affe“ oder „dumme Kuh“ sind dann zu hören, um nur die simpelsten zu nennen. Oder sie greifen zu Vergleichen mit Geisteskrankheiten, „Trottel“, „Idiot“ oder „Psychopath“ sind beliebte Vokabeln geübter Zwischenrufer. Ich bin überzeugt: Jeder Zwischenrufer, der zu solchen Mitteln greift, tut dies immer nur, um selbst Aufmerksamkeit zu erhalten. Deshalb können sich solche Zwischenrufer oft nicht vorstellen, dass ich mich als Redner darauf einstellen kann. Ich sage mir, der Störer benutzt mich, den Redner, lediglich als Mittel zu seinem eigenen Zweck – und das mag ich nicht zulassen.

Egal wie schlimm die Beleidigung ist: Niemals zahle ich mit gleicher Münze heim! Ich würde dadurch die Situation nur unnötig verschärfen. Deshalb habe ich mir einen Katalog von Antworten zurechtgelegt, um in kritischen Situationen gewappnet zu sein. Nehmen wir einmal an, ein Zwischenrufer sagt: „Sie haben doch keine Ahnung von dem, was Sie da reden, Sie Schwachkopf!“ Meine Entgegnung lautet: „Probieren Sie es doch mal mit Niveau!“ Oder sollte ich bei einem Zwischenrufer einen kleinen Schnitzer in der Sprachwahl gefunden haben, dann antworte ich mit: „Probieren Sie es doch mal mit der richtigen Grammatik.“ Für eine gute Verteidigung verwende ich zuweilen auch eine rhetorische Frage wie die folgende: Ich grinse den Zwischenrufer an und sage dann zu ihm hingewendet: „Sind Sie heute mit dem falschen Fuß aufgestanden?“ Wobei mein Tonfall deutlich macht, dass ich mehr auf Versöhnung denn auf Konfrontation aus bin.

Ein allerletztes Mittel kann eine sogenannte „Unterstellungsfrage“ sein. Und das hört sich so an: Zwischenrufer: „Sie haben doch gar keine Ahnung wovon Sie reden, Sie Zuchtbulle!“ Meine Antwort: „Tut es Ihnen nicht manchmal leid, keine vernünftigen Mittel zu haben, um auszudrücken, was Sie stört?“ Oder als Variante: „Was ist das eigentlich für ein Gefühl, sich derartig unbeliebt zu machen?“ Oder eine Variante mit einem Hinweis auf die Wortwahl des Angreifers: „Woher kommt eigentlich Ihre Vorliebe für ein so ausgesuchtes zoologisches Vokabular?“ Diese Art der Erwiderung wirkt aber nur, wenn ich anschließend sofort zu meiner Rede zurückkehre und eine neuerliche Unterbrechung durch den Zwischenrufer mit einem Seufzer und einem Achselzucken in Richtung des Publikums kommentiere. Spätestens von diesem Augenblick an habe ich die Gewissheit, dass die Mehrzahl meiner Zuhörer auf meiner Seite steht. Der Grund: Niemand möchte sich mit einem stillosen, rüpelhaften Menschen in einen Topf werfen lassen.

Es gibt aber auch ein paar Reaktionen, die Sie auf jeden Fall vermeiden sollten. Beleidigt sein, zum Beispiel. Oder „angefressen" reagieren. Auch wenn ein Zwischenrufer zum wiederholten Male Ihre Äußerungen mit Rufen wie „Das ist doch Unsinn" oder „So ein Müll" kommentiert – bleiben Sie ruhig, auch wenn es schwer fällt. Denn natürlich sind solche Sprüche beleidigend für den Redner. Wenn Sie nun aus einer beleidigten Stimmung heraus mit einer noch so schlagfertigen Gegenbeleidigung reagieren, wie etwa: „Woher wissen Sie das, haben Sie auch sonst viel mit Müll zu tun?", dann ist das Kind schon in den Brunnen gefallen. Wenn Sie einen Zuhörer aus dem Publikum beleidigen, besteht die Gefahr, dass sich auch die anderen Zuhörer angegriffen und beleidigt fühlen. Es kann auch gut gehen, wahrscheinlich ist es aber, dass spätestens beim zweiten oder dritten Mal das Publikum sich gegen Sie, gegen den Redner stellt. Kehren Sie auch nie die beleidigte Leberwurst heraus. Auch hier nehmen wir als Beispiel wieder den Zwischenruf: „Das ist doch alles Müll, was Sie da sagen!" Eine gute Antwort könnte sein: „Muss ich mir das bieten lassen?" – mit dem Hintergedanken, so das Publikum mit einzubeziehen, das sich durch diese Zwischenrufe ja ebenfalls gestört fühlen könnte. Aber Achtung, dies ist eine rhetorische Frage, und der Zwischenrufer könnte mit einem glasklaren „Ja" antworten – und damit stünden Sie auf verlorenem Posten. Der Zwischenrufer hingegen hätte den Lacher oder den stummen Applaus des Publikums auf seiner Seite. Gänzlich abzuraten ist von dem beleidigten Abbruch der Rede. Denn dies gehört zu den absoluten Todsünden. Ein Redner, der seine Rede abbricht, sich ins Bockshorn jagen lässt, dem Publikum den Rücken zukehrt, verliert immer sein Gesicht – und was viel schlimmer ist: er verliert einen großen Teil seiner Selbstachtung.

Stellen Sie sich nun noch folgenden Zwischenruf vor: „Sie haben doch gar keine Ahnung, von was Sie reden, Sie Hornochse." Die Reaktion: „Ich bin der festen Meinung, da weiß ich besser Bescheid als Sie, Sie

Trottel" halte ich für vollkommen misslungen. Sie begeben sich damit unter Ihr Niveau und verschärfen mit einer solchen Antwort die Lage unnötig. Die Rede wird früher oder später im Tumult untergehen, und wahrscheinlich werden große Teile des Publikums zur anderen Seite überlaufen – nämlich zu dem Zwischenrufer. Begeben Sie sich also nie aus beleidigtem Stolz auf die gleiche Ebene wie der Zwischenrufer.

In meinen Ausführungen bin ich davon ausgegangen, dass die Zwischenrufe für den Redner eher bösartiger Natur sind. Und so merkwürdig es sich anhören mag: Spontaneität auf bösartige Zwischenrufe ist erlernbar. Ich habe mir als junger Redner eine Tabelle angefertigt mit Zwischenrufen, die ich an verschiedenen Stellen gehört hatte, und habe daneben die entsprechenden Entgegnungen notiert (und einige davon gerade oben an Sie weitergegeben). Dann habe ich einfach die Zwischenrufe und die Entgegnungen auswendig gelernt. So konnte ich mein Repertoire erweitern – und heute glaube ich mit jedem Zwischenruf angemessen umgehen zu können. Dabei hat mir auch eine Erkenntnis geholfen, die ich im Laufe der Jahre gewonnen habe: Manche Zwischenrufe sind alles andere als bösartig gemeint. Sie zeigen dem Redner vielmehr Lücken in seiner Argumentation auf. Solche Zwischenrufe gilt es zu identifizieren und als Chance zu begreifen, die eigene Argumentationskette besser und fester zu knüpfen.

9.3 Entschärfen Sie Killerphrasen

Eine ganz besondere Spezies der Zwischenrufe sind die Killerphrasen. Ich unterscheide dabei zwischen zwei Arten von Killerphrasen:

- Killerphrasen, die gleichzeitig einen persönlichen Angriff auf den Redner beinhalten: „Woher wollen Sie auch wissen, was Sie denken, bevor Sie gehört haben, was Sie sagen“. Diese Killerphrasen sind teilweise sogar richtig beliebt, weil sie unbeteiligte Zuhörer zum Lachen bringen – aber den Redner der Lächerlichkeit preisgeben und ihm ein Stück seiner Würde nehmen.

- ➢ Killerphrasen, die sich eher auf der sachlichen Ebene bewegen. Dies sind:
  - Behauptungen wie: „Das kann doch nie funktionieren!“
  - Glaubenssätze wie: „Das haben wir schon immer so gemacht!“
  - Bewertungen wie: „Das ist doch alles Unfug!“
  - Schlussfolgerungen wie: „Wenn Sie das so machen, bricht hier das Chaos aus!“
  - Meinungsäußerungen wie: „Das glauben Sie doch selbst nicht!“

Und dann gibt es noch die Killerphrasen, die eine irgendwie geartete Mischung aus allen Varianten darstellen, denn wer will schon eindeutig klären, ob „Wenn Sie das so machen, bricht hier das Chaos aus!“ eine Schlussfolgerung, eine Behauptung oder eine Meinung ist.

Eines haben aber alle diese Killerphrasen gemeinsam (und daran sind sie auch leicht zu entlarven, und weil sie leicht zu entlarven sind, sind sie auch leicht zu entschärfen – na ja, mit ein wenig Übung): Sie sind nie spezifisch. Sie stellen immer etwas pauschal in den Raum. Der Vorteil für den Phrasendrescher: Was er auch sagt – es trifft auf einfach alles zu. Das glauben Sie nicht? Probieren Sie es doch aus: Nehmen Sie sich eine x-beliebige Rede und zwei bis drei ebenso x-beliebige Killerphrasen der „sachlichen Kategorie“ und beglücken Sie diese Rede mit diesen Phrasen. Auch in der Realität klappt es immer – solange Sie es mit einem ungeübten Redner zu tun haben. Damit ist mein kleiner Grundkurs „Wie werde ich ein perfekter Killerphrasendrescher?“ beendet. Aber was tun Sie als Redner, wenn Sie zur Zielscheibe von Killerphrasen werden? Am besten, Sie verhalten sich wie ein Spezialist oder Sprengmeister, der eine Bombe entschärft.

Regel Nr. 1: Ruhig bleiben. Die Bombe ist nicht für Sie bestimmt. Der Bombenleger will irgendjemanden treffen oder auf sich und seine Probleme aufmerksam machen. Ruhe ist also die erste Rednerpflicht. Es beeindruckt das Publikum ungemein, wenn Sie als Redner ruhig bleiben. Erfahrungsgemäß wird der Phrasendrescher dafür umso nervöser, insbesondere, wenn Sie die kritische Situation mit einer Portion Humor bewältigen.

Regel Nr. 2: Die Bombe zunächst einmal ruhig betrachten. Sozusagen die Größe, die Art des Zünders, die Lage und den Zustand analysieren. Das heißt: In welcher Umgebung ist die Killerphrase gedroschen worden – auf einem Betriebsfest oder während einer kritischen Betriebsversammlung? Von wo kommt die Killerphrase? Von einem bekannten Lautsprecher oder von einer Person, die bislang wenig aufgefallen ist? Welchen Charakter hat die Killerphrase? Angriffscharakter mit Zynismusladung gegen den Redner (stellvertretend für alles, was dem Phrasendrescher nicht passt) oder scheinsachliche Phrase, leicht zu entlarven?

Regel Nr. 3: Geeignetes Werkzeug benutzen und Zünder freilegen. Also: Nach einer geeigneten Entgegnung suchen und Antwort bereitmachen.

Regel Nr. 4: Behutsam den Zünder entfernen und den Sprengstoff entsorgen. Will sagen: Mit Bedacht und ruhig antworten – oder Phrase einfach übergehen und in der Rede fortfahren.

Regel Nr. 5: Hektik vermeiden. Sie ist ein ungeeignetes Werkzeug und verleitet zu Fehleinschätzungen, die oft genug zu einem tumultartigem Fortgang der Redesituation führen.

Vermeiden Sie aber auch Trotzreaktionen wie:

- offen Zorn zeigen,
- Zwischenrufer öffentlich bloß stellen oder
- einfach weglaufen (wie gesagt: die schlimmste Todsünde).

Zwei Dinge haben Sie jetzt gelernt: Wie Sie eine Killerphrase basteln und wie ein Sprengmeister eine Bombe entschärft. Nun gehen wir daran, den Königsweg des Umgangs mit Killerphrasen zu beschreiten: Sie entschärfen die Bombe, bevor sie sich überhaupt erst zu einer solchen entwickeln kann.

Zuerst möchte ich Sie noch einmal daran erinnern: Killerphrasen sind nie spezifisch. Sie stellen immer eine Pauschalisierung, eine unzulässige Verallgemeinerung dar. Das hat einen Vorteil für Sie als Redner:

Sie erkennen die Killerphrase sofort. Nehmen wir als Beispiel wieder folgenden – von Phrasendreschern gern genutzten – Satz: „Das funktioniert nie!“ Der Satzteil „funktioniert nie“ ist mit einem Mann vergleichbar, der in die Werkstatt kommt und sagt: „Mein Auto fährt nicht mehr.“ Nur ein unfähiger Werkstattleiter wird aufgrund dieser Aussage eine Diagnose stellen und äußern: „Unsere Autos taugen wirklich nichts!“ Ein kluger Werkstattleiter wird sich mit dem Problem des Mannes beschäftigen. Er wird ihn vielleicht fragen, was genau passiert ist. Vielleicht antwortet der Kunde: „Unterwegs hat der Motor zu stottern begonnen und dann ist der Wagen einfach stehen geblieben.“ Wahrscheinlich wird der Werkstattleiter weiterfragen. Etwa so: „Und als der Motor stehen geblieben ist, haben die Instrumente dann etwas angezeigt?“ Und der Kunde wird antworten: „Da hat schon eine ganze Zeit ein gelbes Licht geblinkt. Aber ich habe gedacht, ich schaffe es noch bis zur Werkstatt.“ Wieder wird der Werkstattleiter fragen: „Welches Licht hat denn genau geblinkt? Und seit wann? Und wie viele Kilometer sind Sie noch gefahren?“ Er will mehr Informationen haben! Und vielleicht kann der Kunde erklären, dass es das Lämpchen war, das im unteren Bereich der Tankanzeige liegt, das geblinkt hat. Und dass er noch 100 Kilometer gefahren ist. Mit diesen Angaben kann der Werkstattleiter dann leicht die Diagnose stellen, dass der Kunde wohl vergessen hat, rechtzeitig zu tanken und nun schlicht und ergreifend der Tank leer ist. So erspart er dem Kunden eine Menge Geld und sich eine Menge Zeit.

Was hat das Beispiel aber mit den Killerphrasen zu tun? Nun, im Prinzip ist ja eine Killerphrase nichts anderes wie die erste Kundenaussage. Die Aussage „Das funktioniert nie!“ ist unspezifisch. Sie drückt lediglich eine Unzufriedenheit aus, die der Phrasendrescher auf möglichst wirkungsvolle Art und Weise herüberbringen will. Ein ungeschickter Redner geht auf diese Killerphrase mit der Diagnose ein: „Er will mich provozieren!“ und schon ist dem schönsten Tumult Tür und Tor geöffnet. Auf eine vermutete Provokation folgt eine unangemessene Antwort – und schon hat der Redner verloren. Günstiger und professioneller erscheint es mir da, der Killerphrase ihren Zahn zu ziehen, indem Sie – ganz ähnlich wie es der Werkstattleiter getan hat – nachfragen. Und zwar so lange, bis klar ist, was den Phrasendrescher wirklich stört, was er denn tatsächlich als „nie funktionierend“ empfindet (also: wo er eine abweichende Meinung hat). Ist diese Arbeit getan, dann haben Sie eine Basis, von der aus Sie gelassen jede Killerphrase mit Hilfe der Regeln für den Umgang mit Zwischenrufen behandeln können. Dafür wünsche ich Ihnen viel Glück!

Zusammenfassung

- Vermeiden Sie mögliche Stolpersteine durch eine sorgfältige Vorbereitung der Rede. Das gilt insbesondere für den Beginn und den Schluss der Rede. Wenn Sie hier „stolpern“, droht die gesamte Rede zu misslingen und beim Publikum durchzufallen.
- Im Mittelteil der Rede vermeiden Sie bitte überlange und damit ermüdende Aufzählungen, humorige Abschweifungen, über die höchstens Sie selbst lachen können, und rhetorische Stilmittel, die die Gefahr in sich bergen, das Publikum vom Wesentlichen abzulenken, nämlich von dem Inhalt Ihrer Rede.

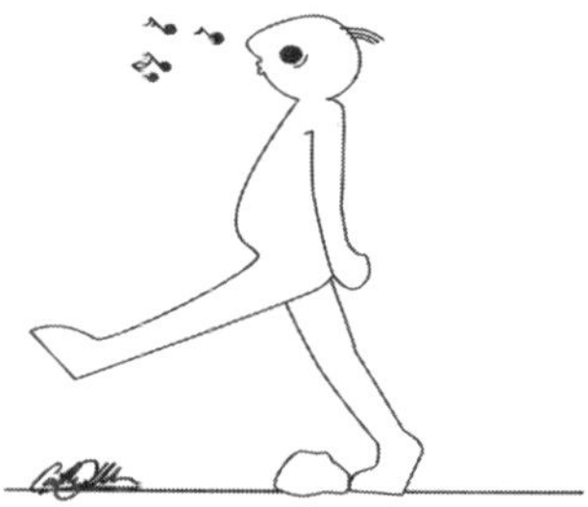

- Reagieren Sie auf Zwischenrufe mit Humor und Schlagfertigkeit. Oberstes Gebot dabei: souverän bleiben, authentisch bleiben, nicht überreagieren, auch in der schwierigen Situation ganz „man selbst und damit glaubwürdig bleiben“. So kann auch der bösartigste Zwischenruf eines Zuhörers, der Sie provozieren und verletzen will, zu einem „Big Point“ für die Redesituation und für Sie als Redner werden.
- Vorteilhaft ist es, wenn Sie bereits zu Beginn der Rede herausfinden oder zumindest ahnen könnten, welche Zuhörer zu den potenziellen Störern, Nörglern und Stichlern gehören.

- Rechnen Sie damit, dass es Störer und unliebsame Zwischenrufe gibt. Diese Erwartungshaltung hilft Ihnen, sich mental vorzubereiten und Souveränität, Gelassenheit und Selbstsicherheit aufzubauen.

- Diese Grundeinstellung lässt Sie die Techniken, mit denen Sie auf Zwischenrufe reagieren können, gekonnt und souverän einsetzen.

- Bleiben Sie bei der Beantwortung der Zwischenrufe auf IHREM Niveau. Reagieren Sie nie beleidigt und geben Sie dem Zwischenrufer keine Möglichkeit, das Publikum auf seine Seite zu ziehen.

- Manche Zwischenrufe sind alles andere als bösartig gemeint. Sie zeigen Ihnen Lücken in Ihrer Argumentation auf und stellen eine Chance für Sie dar, die eigene Argumentationskette besser und fester zu knüpfen.

- Bei Killerphrasen, die Ihnen entgegengeschleudert werden, gilt: Ruhig bleiben, Phrase identifizieren und einordnen, geeignete Strategie zur Entschärfung anwenden.

Individueller Lernweg: „Schreiben Sie eine Rede!“

Bitte nehmen Sie sich Ihre Rede zur Hand, die Sie geschrieben haben, und fragen Sie sich:

- An welchen Stellen könnten Stolpersteine auftauchen, wo müssen Sie eventuell mit Zwischenrufen rechnen?

- Wie reagieren Sie?

10. Die Rede mit Geschichten und Parabeln würzen

Was Sie in diesem Kapitel erwartet

Um die Einführung in dieses Kapitel so kurz wie eben möglich zu machen: Ich liebe Parabeln, mit denen eigentlich komplizierte Vorgänge auf einer anderen Ebene deutlich gemacht werden können. Parabeln bieten mir die Möglichkeit, Gesamtzusammenhänge zu schaffen, Vergleiche herzustellen und – das ist mir besonders wichtig – mit einem Augenzwinkern auf menschliche Schwächen hinzuweisen. Eine Parabel verletzt niemanden, regt zum Nachdenken und zum Lächeln an – und bietet die Anknüpfungspunkte, weiter zu denken. Die folgenden Parabeln habe ich unter einer großen Anzahl von Geschichten ausgewählt, weil sie mir so lieb geworden sind. Manche davon habe ich irgendwo aufgeschnappt, ich kenne weder den Autor noch kann ich mich daran erinnern, wer mir die Geschichte erzählt hat. Sollte ich dabei also ein Urheberrecht verletzen, dann tut mir das leid, es geschieht ohne Absicht. Manche der Geschichten habe ich aber auch selbst verfasst. Mag sein, dass auch die schon verbreitet sind. Das bleibt nicht aus, wenn jemand wie ich seit 20 Jahren durch die Lande zieht und Seminare gibt oder Reden schreibt. Bei denen, die an meinem Schreibtisch entstanden sind, weise ich kurz darauf hin. Einige der Parabeln habe ich aber auch adaptiert, das heißt für den Zweck umgeschrieben. Wo das der Fall ist, gebe ich die entsprechende Quelle an. ---

Die Parabel, die diesem Buch den Titel gegeben hat und die Sie zu Beginn dieses Buch gelesen haben, habe ich aufgeschnappt. Aus zweierlei Gründen finde ich sie einfach herrlich: Erstens kann ich mit ihr erläutern, dass Menschen nicht aus ihrer Haut raus können, ob sie es nun wollen oder nicht. Auch wenn mir jemand einen guten Rat erteilt, dieses oder jenes zu tun, dann kann es sein, dass dieser Rat Makulatur ist, weil mir die Fähigkeiten, seinen Rat zu befolgen, einfach fehlen. Zweitens ziehe ich mit dieser Geschichte zuweilen meinen eigenen Berufsstand „durch den Kakao“. Wir Unternehmensberater und Trainer neigen meiner Meinung nach allzu oft dazu, unseren Kunden Ratschläge zu erteilen, deren Praxisrelevanz wir unzureichend überprüft haben. „Frösche können nicht fliegen“ – das ist mir ein Anliegen. Ein vergleichbares deutsches Sprichwort heißt: „Schuster bleib bei deinen Leisten“. Oder auf dieses Buch übertragen: „Bleibe beim Reden authentisch, bleibe Du selbst!“

Von Gottfried Keller stammt die Novelle „Kleider machen Leute“. In ihr beschreibt er, wie aus dem einfachen Schneidergesellen Wenzel ein „Graf“ wird, weil ihn die Leute nach seinem prächtigen Gewand beurteilen. Obgleich wir doch eine sehr aufgeklärte Gesellschaft sein sollten, bei der Äußerlichkeiten weniger gelten sollten als die tatsächlichen Werte, erlebe ich es immer wieder, dass der äußere Eindruck mehr zählt als der Mensch als solcher. Folgende Geschichte hat einer meiner Trainingsteilnehmer, ein Bankdirektor, erzählt:

Hast du ein Bier für mich?

Ein Jogger war verschwitzt an einem prächtigen Anwesen vorbeigelaufen, in dem ein großes Grillfest stattfand. Er bat am Gartenzaun einen Herrn, der offensichtlich für die Getränke zuständig war, um einen Schluck Wasser. Geringschätzig musterte der Herr sein verschwitztes und schmuddeliges Äußeres. Er solle sich davonmachen, dies sei das Fest des stellvertretenden Bürgermeisters, sagte er zu ihm. Der Jogger lief kopfschüttelnd weiter, geradewegs nach Hause. Dort sprang er unter die Dusche, rasierte seinen Wochenbart, zog sich einen Anzug an, setzte sich in seinen Mercedes und fuhr zu jener Villa, an der er noch vor einer Stunde vorbeigelaufen war. „Oh, Herr Dr. Weber ist da“, wurde er schon von weitem begrüßt. Der Gastgeber stellte ihn den übrigen Gästen vor und bald war er der Mittelpunkt des Festes. Als er an der Bar vorbeikam, wurde ihm ein

Glas Champagner gereicht. Er nahm es mit einem Schmunzeln an und schüttete sich den Inhalt in die Jackentasche. „Spinnst du?“ fragte ihn daraufhin der Gastgeber. „Nein“, antwortete der Gast, „keineswegs. Nur als ich vor einer Stunde den Menschen, der mir gerade den Champagner gereicht hat, nach einem Glas Wasser gefragt habe, hat er mir zu verstehen gegeben, dass Menschen meines Aussehens hier nicht erwünscht sind. Ich vermute deshalb, dass der Champagner nicht für mich, sondern für meinen Anzug bestimmt ist. Also habe ich ihn dort ordnungsgemäß abgeliefert. Hast du ein Bier für mich?“

Diese Geschichte hat für mich einen sehr realen Hintergrund. Als ich damals bei jenem Bankdirektor, der sie mir erzählt hat, zu einem Akquisitionsgespräch eingeladen war, war ich für viele der anwesenden Banker „unpassend“ angezogen. Ich hatte eine (für meinen Geschmack) wunderbare weiche Lederjacke an, einen Rollkragenpullover, eine helle Tuchhose und weiße Socken. Erst als ich den Auftrag nicht bekam und mir der Herr Direktor diese Geschichte erzählte, hat es mir gedämmert (na ja, ich habe schon ein gutes halbes Jahr gebraucht, bis ich verstanden hatte). Ein Gutes hat dieses Erlebnis aber doch für mich: Es hat den Abschnitt „Einstellung zu meinem Publikum“ entscheidend beeinflusst. Heute erzähle ich diese Geschichte gerne dann, wenn ich Menschen davon überzeugen will, dass es neben ihren Ideen und Meinungen durchaus auch noch andere Ansichten gibt.

Die nächste Geschichte stammt aus dem Buch „Der Kaufmann und der Papagei“ von Dr. Nossrat Peseschkian. Sie ist mir deshalb so ans Herz gewachsen, weil in meinen Trainings die Menschen immer wieder versuchen, alles auf einmal zu wissen und zu können. Oft verurteilen sie sich dafür, dass sie etwas, was ich eben erst erläutert habe, nicht schon im nächsten Augenblick perfekt beherrschen. „Niemand“, so sage ich dann immer, „hat es je geschafft, nach einem Intensivkurs Tennis gleich in der nächsten Woche die US Open zu gewinnen. Auch dann nicht, wenn sie diesen Kurs beim besten Tennislehrer der Welt gemacht haben.“ Übrigens: Es hat auch noch niemand geschafft, nach der Lektüre eines Rhetorikbuches zum perfekten Redner zu werden (leider auch Sie nicht, wenn Sie dieses Buch erst einmal vollständig durchgelesen haben).

Vom Fleiß – Es fällt kein Meister vom Himmel

Ein Zauberkünstler führte am Hofe des Sultans seine Kunst vor und begeisterte seine Zuschauer. Der Sultan selbst war außer sich vor Bewunderung: „Gott, stehe mir bei, welch ein Wunder, welch ein Genie!“ Sein Wesir gab zu bedenken: „Hoheit, kein Meister fällt vom Himmel. Die Kunst des Zauberers ist die Folge seines Fleißes und seiner Übungen.“ Der Sultan runzelte die Stirn. Der Widerspruch seines Wesirs hatte ihm die Freude an den Zauberkunststücken verdorben. „Du undankbarer Mensch! Wie kannst du behaupten, dass solche Fertigkeiten durch Übung kommen? Es ist, wie ich sage: Entweder man hat das Talent oder man hat es nicht.“ Abschätzend blickte er seinen Wesir an und rief: „Du hast es jedenfalls nicht, ab mit dir in den Kerker. Dort kannst du über meine Worte nachdenken. Damit du nicht so einsam bist und du deinesgleichen um dich hast, bekommst du ein Kalb als Kerkergenossen.“ Vom ersten Tag seiner Kerkerzeit an übte der Wesir, das Kalb hochzuheben, und trug es jeden Tag über die Treppen seines Kerkerturmes. Die Monate vergingen. Aus dem Kalb wurde ein mächtiger Stier und mit jedem Tag der Übung wuchsen die Kräfte des Wesirs. Eines Tages erinnerte sich der Sultan an seinen Gefangenen. Er ließ ihn zu sich holen. Bei seinem Anblick aber überwältigte ihn das Staunen: „Gott, stehe mir bei, welch ein Wunder, welch ein Genie!“ Der Wesir, der mit ausgestreckten Armen den Stier trug, antwortete mit den gleichen Worten wie damals: „Hoheit, kein Meister fällt vom Himmel. Dieses Tier hattest du mir in deiner Gnade mitgegeben. Meine Kraft ist die Folge meines Fleißes und meiner Übung.“

In meinen Trainings ziehen es viele Teilnehmer vor, es sich einfach zu machen und nur das zu trainieren, was sie sowieso schon fast hundertprozentig können. Ich finde es gut, wenn Menschen Spaß an ihren Stärken haben und gewillt sind, hart zu arbeiten, um noch besser zu werden. Andererseits meine ich auch, dass die wirklichen Verbesserungspotenziale dort liegen, wo es erkennbare Schwächen gibt. So hat mich mein damaliger Trainer (ich habe als junger Mann recht erfolgreich im Fußballtor einer Oberligamannschaft gestanden) dazu gezwungen, mich in die andere als in meine „Schokoladenecke“ fallen zu lassen. Immer wieder hat er mir im Training den Ball nach links gespielt, bis ich da ebenso sicher war wie in der rechten Ecke. Zunächst habe ich auf meinen Trainer geschimpft, später war ich ihm für seine Unerbittlichkeit dankbar. Jahre später habe ich von dem bemerkenswerten Comeback einer Tennisspielerin namens Steffi Graf gehört und dazu diese Geschichte geschrieben. Frau Graf möge mir verzeihen, wenn die Geschichte nicht mit ihr abgestimmt ist.

Einseitigkeit – Arbeiten an den Schwächen

Bekannt wurde Steffi Graf als 15-jähriges Mädchen unter dem Spitznamen Miss Forehand. Ihr Erfolgsgeheimnis auf dem Tennisplatz: starke Vorhand, sehr schnell auf den Beinen, enormer Siegeswillen. Ihre Schwächen: ungenügendes Rückhandspiel (nur Slice) und am Netz kaum zu sehen. Aufgrund ihrer Stärken und trotz ihrer Schwächen wurde Steffi die Nummer 1 der Tennis-Weltrangliste. Sie hatte nur eine ernsthafte Konkurrentin: die Argentinierin Gabriela Sabatini. Gabriela verlor Match auf Match gegen Steffi. Was auch immer sie unternahm, Steffi gewann. Aber Gabriela (oder ihrem Trainer, wer weiß) war aufgefallen, dass Steffi eine Schwäche hatte: die Rückhandseite. Und nun begann Gabriela daran zu arbeiten, Steffi auf dieser schwachen Seite zu erwischen. Und eines Tages hatte sie zum ersten Mal die Nase vorn. Es folgten Siege von Steffi, aber die Matches wurden immer enger, bis der erste Sabatini-Sieg kam. Dann schlug Sabatini mehrmals hintereinander zu. Bald wankte Steffis Weltranglistenplatz Nr. 1!

Ich erinnere mich noch gut an die Interviews, in denen Steffi ganz stereotyp sagte: „Heute war meine Vorhand schlecht, ich werde daran arbeiten!“ Schließlich wechselte Steffi den Trainer und damit die Taktik. Die Rückhandseite wurde stärker und plötzlich sah man Steffi auch am Netz. Das Ergebnis kennen Sie vermutlich fast alle: Steffi gewann wieder, war so lange wie keine andere auf dem Weltranglistenplatz 1 und wurde am Ende ihrer Karriere zur Welt-Sportlerin des Jahrhunderts gekürt.

Manchmal muss man Probleme in eine Relation bringen, um ihre wahre Bedeutung ermessen zu können. Zum Beispiel, wenn sich in einem Projekt eine Verspätung ankündigt, die scheinbar nicht zu überleben ist. Überlebt haben Sie bislang alles. Auch wenn es manches Mal schwer gewesen sein mag, aber allein die Tatsache, dass Sie jetzt dieses Buch lesen, muss Ihnen Beweis genug sein, dass Sie überlebt haben. Den folgenden Brief einer Tochter habe ich in einem Vortrag verarbeitet, in dem es darum ging, dem erweiterten Kreis des Managements klar zu machen, dass es die von ihm angestrebte Radikalmaßnahme noch einmal überdenken möge und dass es vielleicht noch kreativere Maßnahmen als Konsequenz für ein gescheitertes Projekt geben könnte.

Relativ betrachtet

Liebe Mutter, lieber Papa, seit ich von zu Hause weg bin, war ich, was das Briefe schreiben angeht, leider sehr säumig. Aber jetzt kann ich Euch auf den neuesten Stand bringen. Also, es geht mir inzwischen wieder einigermaßen. Der Schädelbruch und die Gehirnerschütterung, die ich mir zugezogen habe, als ich beim Brand im Wohnheim aus dem Fenster gesprungen bin, sind ziemlich ausgeheilt. Ich war ja nur drei Wochen im Krankenhaus und kann schon wieder fast normal sehen. Ich habe jetzt nur noch einmal am Tag Kopfschmerzen. Ein Glück, dass das Feuer im Wohnheim von einem Tankwart einer Tankstelle in der Nähe gesehen wurde. Er hat auch meinen Sprung aus dem Fenster gesehen und die Feuerwehr und den Krankenwagen alarmiert. Er hat mich im Krankenhaus besucht, und weil das Wohnheim ausgebrannt war und ich nicht wusste, wo ich unterkommen sollte, hat er mir freundlicherweise angeboten, bei ihm zu wohnen. Sein Zimmer ist zwar eine schlimme Bruchbude, doch recht gemütlich. Er ist ein netter junger Mann. Wir lieben uns sehr und haben vor zu heiraten. Wir wissen zwar noch nicht genau, wann. Aber es soll noch sein, bevor das Baby kommt, besser noch, bevor man sieht, dass ich schwanger bin. Ich weiß, wie sehr Ihr Euch freut, bald Großeltern zu werden. Und ich weiß, Ihr werdet das Baby gern haben und ihm die gleiche Liebe, Zuneigung und Fürsorge zukommen lassen, die Ihr mir als Kind gegeben habt. Der Grund, warum wir nicht sofort heiraten, ist der, dass mein Freund leider eine leichte Infektion hat. Aufgrund dieser Infektion ist es uns nicht möglich, dass wir unsere vorehelichen Blutuntersuchungen machen lassen. Ich war etwas unachtsam und habe mich auch angesteckt. Sobald es geht, werde ich ihn Euch vorstellen. Ich weiß schon jetzt, dass Ihr ihn mit offenen Armen in unsere Familie aufnehmen werdet. Er ist sehr nett und ehrgeizig, wenn auch schulisch nicht besonders gut ausgebildet. Er hat zwar eine andere Religion und Hautfarbe als wir, aber das wird Euch in Eurer oft gezeigten Großmut sicher nicht stören.

Jetzt, da ich Euch das Neueste mitgeteilt habe, möchte ich Euch sagen: Im Wohnheim hat es nicht gebrannt, ich hatte keine Gehirnerschütterung und keinen Schädelbruch, ich war nicht im Krankenhaus; ich bin auch nicht schwanger; ich bin auch nicht verlobt; ich habe mich nicht angesteckt, und ich habe auch keinen Freund. Allerdings: Ich bekomme eine „Fünf" in Geschichte und eine „Sechs" in Chemie. Ich möchte nur, dass Ihr diese Noten in der richtigen Relation seht. Herzlichst, Eure Tochter

Geduld halte ich für eine der herausragendenden Eigenschaften, die gute Führungskräfte mitbringen müssen – und Entscheidungskraft und Konsequenz. Das sage ich jungen Führungskräften auch immer wieder, wenn sie mit allzu viel Ungestüm ihre erste Führungsaufgabe angehen wollen. Die Qualitäten der Mitarbeiter erkennen, sie dort einsetzen, wo sie sich am wohlsten fühlen und die besten Leistungen bringen können – das ist eine Kunst.

Menschen führen: Vorgesetzte sind Gärtner

„Die Arbeit des Trainers gleicht der eines Gärtners, der verschiedene Pflanzen pflegt. Eine Pflanze liebt den strahlenden Sonnenschein, die andere den kühlen Schatten; die eine liebt das Bachufer, die andere die dürre Bergspitze. Die eine gedeiht am besten auf sandigem Boden, die andere im fetten Lehm. Jede muss die ihrer Art angemessene Pflege haben, andernfalls bleibt ihre Vollendung unbefriedigend."

So ist es auch mit den Mitarbeitern in Ihrem Bereich: Manche wollen im Mittelpunkt stehen, manche ziehen es vor, im Verborgenen zu arbeiten, manche lieben das Detail, andere ziehen „das Generelle" vor. Wenn man eine Pflanze, die Sonne liebt, im Schatten aufwachsen lassen will, wird sie ebenso verkümmern wie eine, die man in fetten Boden pflanzt, obgleich sie doch Sandboden braucht. Ein Mensch, der es nicht schätzt, im Mittelpunkt zu stehen, sollte andere Aufgaben bekommen, als einer, der dann glücklich ist, wenn er unter Menschen ist.

Noch eine Anleihe möchte ich gerne bei Dr. Nossrat Peseschkian machen – und dabei sein Büchlein „Der Kaufmann und der Papagei" sehr empfehlen. Die folgende Geschichte hat schon manchen Vortrag von mir geschmückt. Ich wähle sie immer dann gerne, wenn ich Reden oder Redepassagen halte, die sich mit Entscheidungen beschäftigen, die nicht allen Beteiligten „schmecken" können.

Von der Schwierigkeit, es allen recht zu machen

Ein Vater zog mit seinem Sohn und einem Esel in der Mittagsglut durch die staubigen Gassen von Keshan. Der Vater saß auf dem Esel, den der Junge führte. „Der arme Junge", sagte da ein Vorübergehender. „Seine kurzen Beinchen versuchen mit dem Tempo des Esels Schritt zu halten. Wie kann man so faul auf dem Esel herumsitzen, wenn man sieht, dass das kleine Kind sich müde läuft." Der Vater nahm sich dies zu Herzen, stieg hinter der nächsten Ecke ab und ließ den Jungen aufsitzen. Gar nicht lange dauerte es, da erhob schon wieder ein Vorübergehender seine Stimme: „So eine Unverschämtheit. Sitzt doch der kleine Bengel wie ein Sultan auf dem Esel, während sein armer, alter Vater nebenherläuft.“ Dies schmerzte den Jungen und er bat den Vater, sich hinter ihm auf den Esel zu setzen. „Hat man so etwas schon gesehen?“, keifte eine schleierverhangene Frau, „solche Tierquälerei! Dem armen Esel hängt der Rücken durch, und der alte und junge Nichtsnutz ruht sich auf ihm aus, als wäre er ein Diwan, die arme Kreatur!“ Die Gescholtenen schauten sich an und stiegen beide, ohne ein Wort zu sagen, vom Esel herunter. Kaum waren sie wenige Schritte neben dem Tier hergegangen, machte sich ein Fremder über sie lustig: „So dumm möchte ich nicht sein. Wozu führt ihr denn den Esel spazieren, wenn er nichts leistet, euch keinen Nutzen bringt und noch nicht einmal einen von euch trägt?“ Der Vater schob dem Esel eine Hand voll Stroh ins Maul und legte seine Hand auf die Schulter seines Sohnes. „Gleichgültig, was wir machen“, sagte er, „es findet sich doch jemand, der damit nicht einverstanden ist. Ich glaube, wir müssen selbst wissen, was wir für richtig halten.“

„Der Tote im Kühlwaggon“ stammt aus einem Büchlein mit dem Titel „Stell dir vor, es geht“ von Klaus W. Schneider. Die Geschichte verdeutlicht, wie die Einbildungskraft dazu führen kann, die größten Katastrophen hervorzurufen. Ich führe die Geschichte immer ein, indem ich die Frage stelle, ob es nicht möglich sei, sich positive Dinge so intensiv vorzustellen, dass sie dann auch eintreffen können.

Von der Vorstellungskraft – Der Tote im Kühlwaggon

Der Mitarbeiter einer Reinigungsfirma sollte einen Güterwaggon reinigen, in dem üblicherweise Tiefkühlkost transportiert wird. Die Tür des Waggons musste während dieser Arbeit wohl zugefallen sein, was keinem der Kollegen aufgefallen war. Ferner war bei Feierabend niemandem aufgefallen, dass ein Mitarbeiter nicht anwesend war. Wie der Vorarbeiter berichtete, nimmt es niemand so genau mit der Feierabendzeit. Wichtig ist, dass die Arbeit gemacht wird. So saß der Mann die ganze Nacht in dem Kühlwaggon fest. Als man den Waggon am nächsten Tag öffnete, war der Mann tot. Er hatte die typischen Anzeichen eines Erfrorenen. Nur: Das Kühlaggregat war nicht eingeschaltet, es herrschte eine Temperatur von fast 20 Grad Celsius. Der Waggon war gut belüftet. Es gab also weder einen objektiven Grund für das Erfrieren, noch hätte der Mann ersticken brauchen. Dennoch war er tot. Er hatte sich ganz offensichtlich eingebildet, dass er erfrieren müsste – und ist an seiner Einbildungskraft gestorben!

So – ich hoffe, Sie können die eine oder andere der Parabeln und Geschichten für Ihre Zwecke nutzen. Besser aber ist, wenn Sie selbst auf die Suche gehen und Ihre Reden und Vorträge mit Ihrer ganz persönlichen Lieblingsgeschichte „krönen“.

Zusammenfassung

- Parabeln dienen oft der sinnfälligen Verdeutlichung eines Redeinhaltes. Überlegen Sie also, ob Sie die hier aufgeführten Parabeln oder andere Geschichten und Gleichnisse für Ihre Rede nutzen können.

Individueller Lernweg: „Schreiben Sie eine Rede!“

Sie sind an das Ende dieses Buches und Ihres „Individuellen Lernwegs“ gelangt. Bitte schicken Sie Ihre Rede an: Herrn Bernd-Wolfgang Lubbers, Am Neuen Teiche 31, D–31139 Hildesheim, Fax: 0 51 21 / 2 29 52, E-Mail: bwl@lubbers.de. Ich antworte Ihnen dann so schnell wie möglich mit einer Kurzbeurteilung Ihrer Rede.

Zum Abschluss

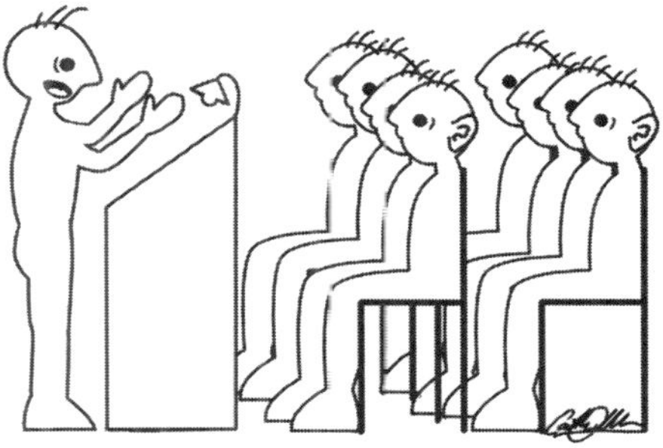

Rhetorik definiere ich als die Kunst, Menschen zum Zuhören zu bewegen! Zuhörer und Redner haben unterschiedliche Interessen, die sich jedoch mehr oder weniger überschneiden. Als Zuhörer einer Rede möchte ich etwas Wertvolles mitnehmen, was mich bereichert. Eine andere Meinung, neue Erkenntnisse, ein gutes Gefühl oder die Bestätigung einer eigenen Überzeugung, um nur einige meiner Wünsche an eine Rede zu nennen. Als Redner habe ich andere Ziele. Da möchte ich andere von mir, meinen Gedanken und Argumenten überzeugen. Also muss ich als Redner dafür sorgen,

- dass meine Rede und ich die Zuhörer überzeugen.
- dass die Zuhörer ehrlich zustimmen – ein „inneres Ja" sagen.
- dass die Zuhörer mit dem, wie ich es sage, einverstanden sind – auch wenn sie zum Inhalt vielleicht eine ganz andere Meinung haben.

Das aber kann ich nur erreichen, wenn mir die Zuhörer folgen. Aber: Folgen Sie gerne einem Menschen, der sie schon einmal betrogen oder belogen hat? Oder einem, der ihnen offenbar gerade etwas vormacht? Dauerhaft wirksam kann ich als Redner Menschen nur durch Aufrichtigkeit und meine eigene innere Einstellung erreichen – davon bin ich überzeugt. Ein chinesisches Sprichwort drückt es ganz einfach aus:

„Es muss in Dir brennen, wenn Du bei anderen etwas entzünden willst!“

Deshalb: Zeigen Sie sich Ihren Zuhörern als die Persönlichkeit, die Sie heute sind. Denn in der Kommunikation kommt es keineswegs nur auf die Information an, auf die Fakten und Tatsachen, die Sie mit Hilfe der Rede oder Vortrages transportieren. Wer unterhält sich gern mit einer Litfasssäule oder einem Faxgerät, einer Bilanz oder einer E-Mail, obgleich die doch voller Informationen stecken?

Informationen und Fakten sind nicht die einzigen Pferde, die Sie im Stall haben, wenn Sie die Botschaft verbreiten möchten. Die anderen heißen „Persönlichkeit“ und „Charakter“, heißen „Stil“ und „Ausstrahlung“, heißen: „Authentizität“. Ob wir es wahrhaben wollen oder nicht: Es interessiert nicht nur die Nachricht eines Menschen, es interessiert vor allem der Mensch selbst, es interessiert nicht nur der Inhalt einer Rede, es interessiert der Redner selbst.

In diesem Sinne wünsche ich Ihnen bei allen künftigen Reden viel Erfolg.

Literaturverzeichnis

BESSER-SIEGMUND, CORA: Killerphrasen im Verkauf – und wie man sie knackt. Düsseldorf, München 2000

BIRKENBIHL, VERA F.: Psycho-logisch richtig verhandeln. München 2001

FISCHER, RON (Hrsg.): Also sprach Mulla Nasrudin. München 1993

HUTH, SIEGFRIED A., HATJE, FRANK: Duden. Reden gut und richtig halten. Mannheim 2000

KELLNER, HEDWIG: Reden – Zeigen – Überzeugen. Von der Kunst der gelungenen Präsentation. München, Wien 1998

KIRCKHOFF, MOGENS: Mind Mapping. Eine Einführung in eine kreative Arbeitsmethode. Offenbach 1998

KOPP, SHELDON B.: Triffst du Buddha unterwegs ... Frankfurt am Main 2000

KURTZ, RON; PRESTERA, HECTOR: Botschaften des Körpers. München 2001

LAY, RUPERT: Dialektik für Manager. München 1999

LINNEWEH, KLAUS: Bevor es mich zerreißt. Düsseldorf 1992

MOLCHO, SAMY: Körpersprache. München 1996

MUHAR, FRANZ; COBLENZER, HORST: Atem und Stimme Anleitung zum guten Sprechen. Wien 1999

NOLLMEYER, OLAF: Die eigene Stimme entfalten. München 1998

PESESCHKIAN, NOSSRAT: Der Kaufmann und der Papagei. Frankfurt am Main 2000

RÜDENAUER, MANFRED R.A.: Das große Econ-Rhetorik Handbuch für Manager. Düsseldorf, Wien, New York, Moskau 1993

SÄNGER, MICHAEL (Hrsg.): Rhetorik für Führungskräfte. Das große Rhetorik-Lexikon von A bis Z. Niederkassel 1996

SACKS, OLIVER: Der Mann, der seine Frau mit einem Hut verwechselte. Reinbek bei Hamburg 1990

SATIR, VIRGINIA: Mein Weg zu dir. Kontakt finden und Vertrauen gewinnen. München 2001

SATIR, VIRGINIA: Kommunikation. Selbstwert. Kongruenz. Paderborn 1990

SCHMIDT, LOTHAR: Sieben Wörter sind genug. Prägnante Zitate für alle beruflichen Anlässe. Landsberg/Lech 2000

SCHNEIDER, KLAUS W.: Stell dir vor, es geht. Freiburg im Breisgau 1988

SCHNEIDER, WOLF: Deutsch für Kenner. Die neue Stilkunde. München 1999

SELYE, HANS: The Stress of Life. 1978

SCHULZ VON THUN, FRIEDEMANN: Miteinander reden: Störungen und Klärungen. Reinbek bei Hamburg 1981

SKUPY; HANS-HORST: Das große Handbuch der Zitate von A-Z. Niedernhausen 2000

THIEL, ERHARD: Die Körpersprache verrät mehr als tausend Worte. München 1992

TROTHA, THILO VON: Reden professionell vorbereiten. Regensburg 1998

VESTER, FREDERIC: Denken, Lernen, Vergessen. München 1978

WATZLAWICK, PAUL: Anleitung zum Unglücklichsein. München 1993

WATZLAWICK, PAUL u. a.: Menschliche Kommunikation. Göttingen 2000

WATZLAWICK, PAUL: Wie wirklich ist die Wirklichkeit? München 1995

WEINSTEIN, MATT: Lachen ist gesund. Wien 1996

ZACKER, CHRISTINA; GRANTEL, GEORGES: Die spontane Rede. Niedernhausen 2000

Stichwortverzeichnis

Das Stichwortverzeichnis stellt nicht nur einfach eine Auflistung der Schlüsselbegriffe dieses Buches dar. Vielmehr unterstützt es die gezielte Suche des Lesers nach Inhalten und dient der Orientierung. Daher genügt es nicht, wenn ein Begriff zum Beispiel auf Seite 37 vorkommt – es müssen auf eben dieser Seite auch weiterführende Informationen zu finden sein.

Wenn ein Begriff auf einer Seite zwar nicht vorkommt, aber dennoch zu ihm Stellung genommen wird, findet er sich ebenfalls in dem Stichwortverzeichnis wieder.

Fettgedruckte Seitenzahlen weisen auf eine grundlegende Behandlung des Stichwortes hin, etwa auf ein Kapitel oder Unterkapitel oder eine zusammenfassende Grafik.

Der Autor

Bernd-Wolfgang Lubbers, Jahrgang 1947, ist seit 1978 Trainer. Sprache hat ihn schon früh interessiert. 1976 veröffentlichte er sein erstes Buch, „Persönliche und Geschäftliche Briefe im Privatleben“, in dem er für einfache Sprache warb und das acht Auflagen erlebte. Dem ersten Buch folgte schnell ein zweites mit vergleichbarem Inhalt: „100 erfolgreiche Musterbriefe zu geschäftlichen und privaten Vorgängen“.

1972 startete Bernd-Wolfgang Lubbers seine Industriekarriere, die ihn in leitende Positionen bei großen Unternehmen geführt hat. Mit 39 Jahren stieg er aus der Industrie aus und begann mit dem Studium der Psychologie und einer Ausbildung zum Gesprächstherapeuten (GF GwG), die er 1994 abschloss. Er ist ausgebildeter Moderator und hat Rhetorik bei namhaften Lehrern belegt.

Seit 1992 gibt er selbst Rhetoriktrainings, in die seine Berufs- und Führungserfahrungen einfließen. Seine „Renner“ sind „Rhetorik und Ausstrahlungskraft“, „Rhetorik auf den Punkt gebracht“ und vor allem das exklusive Seminar „Auftritt®, das etwas andere Rhetoriktraining“. Bisher hat er das offene 6-tägige Training weit über dreißig Mal durchgeführt, mit jeweils 10 bis 12 Teilnehmern.

Seine Teilnehmer schätzen vor allem seine Authentizität, die zugleich Grundlage des „Auftritts“ und des Buches „Frösche können nicht fliegen“ ist. Und es ist diese Authentizität, die ihm auch einen guten Ruf als Coach verschafft hat: Bernd-Wolfgang Lubbers coacht namhafte Vorstände und Führungskräfte, für die er zudem Reden verfasst. Zu dem Thema „Coaching“ ist 1999 das Buch „Coaching von Managern. Konzepte – Praxiseinsatz – Erfahrungsberichte" erschienen, an dem er als Co-Autor mitgewirkt hat.

Wem das „Frösche"-Buch gefallen hat, darf sich auf weitere authentische Werke zu Themen freuen, die Bernd-Wolfgang Lubbers interessieren: Geplant sind Bücher zu den Themen „Coaching" und „Teamentwicklung".

Für weitere Informationen wenden Sie sich bitte an:

Bernd-Wolfgang Lubbers, Im Neuen Teiche 30, 31169 Hildesheim, Tel.: 0 51 21 / 2 29 51, Fax: 0 51 21 / 2 29 5, www.lubbers.de.

Adressen

Folgende Adressen möchte ich Ihnen für die in der Einleitung angeführten Danksagungen nennen:

Angelika@Lubbers.de für die Zeit und für die Grafiken.

Catherine@Lubbers.de für die Illustrationen.

MichaelMadel@t-online.de für die redaktionelle Überarbeitung.

Kritiker@Lubbers.de für meine härtesten Kritiker (ich gebe die Mails dann weiter).

Wenn Sie mehr über meine Trainings erfahren wollen, dann schauen Sie doch einmal auf meine Internetseiten. Die Adresse lautet: www.Lubbers.de.